大方廣佛華嚴經

일러두기

1. 『대방광불화엄경 강설』 원문原文의 저본底本은 근세에 교정이 가장 잘 되었다고 정평이 나 있는 대만臺灣의 불타교육기금회佛陀教育基金會에서 출판한 『화엄경소초華嚴經疏鈔』본입니다.

2. 『대방광불화엄경 강설』은 실차난타實叉難陀가 695년부터 699년까지 4년에 걸쳐 번역해 낸 80권본卷本 『대방광불화엄경』을 우리말로 옮기고 강설을 붙인 것입니다.

3. 『대방광불화엄경』은 애초 산스크리트에서 한역漢譯된 경전이지만 현재 산스크리트본은 소실된 상태입니다. 산스크리트를 음차한 경우 굳이 원래 소리를 표기하려고 하기보다는 『표준국어대사전』이나 『불교사전』 등에 등재된 한자음을 사용하는 것을 원칙으로 하였습니다.

4. 경문의 한글 번역은 동국역경원본을 참고하여 그대로 또는 첨삭을 하며 의미대로 번역하고 다듬었습니다.

5. 각 품마다 내용에 따라 단락을 나누고 제목을 달았습니다. 단락의 제목은 주로 청량清涼스님의 견해에 기초하였고 이통현李通玄장자의 견해를 참고로 하였습니다.

6. 『대방광불화엄경 강설』의 발행 순서는 한역 경전의 편재 순서를 기준으로 하였고 각 권은 단행본 한 권씩으로 출간될 예정이며 모두 80권으로 완간됩니다. 다만 80권본에 빠져 있는 「보현행원품」은 80권본 완역 및 강설 후 시리즈에 포함돼 추가될 예정입니다.

7. 『대방광불화엄경 강설』 안에서 불교용어를 풀이한 것은 운허스님이 저술하고 동국역경원에서 편찬한 『불교사전』을 인용하였습니다.

8. 각주의 청량스님의 소疏는 대만에서 입력한 大方廣佛華嚴經 사이트의 것을 사용하였습니다.

9. 『대방광불화엄경 강설』 입법계품에 들어가는 문수지남도는 북송北宋시대 불국佛國선사가 선재동자가 53명의 선지식을 친견하여 법을 구하는 장면을 하나하나 그림으로 그린 것입니다.

대방광불화엄경 강설
제 41 권

二十七. 십정품+定品 2

실차난타實叉難陀 한역
무비스님 강설

서문

불교에서는 가장 바람직한 수행을 선정과 지혜를 쌍으로 닦는 정혜쌍수定慧雙修라고 합니다. 그래서 무수히 많은 불교 수행자들이 선정을 성취하여 지혜의 광명을 발휘하려고 합니다.

십정품十定品에서는 참다운 선정을 성취한 보살 수행자는 이와 같은 사람이라고 밝히고 있습니다.

"불자여, 만일 보살마하살이 이 일체 세계의 부처님 장엄을 아는 큰 삼매를 성취하면 이는 스승이 없는 사람이니 남의 가르침을 받지 않고도 스스로 모든 부처님의 법에 들어간 까닭이니라.

또 이는 대장부이니 일체 중생을 능히 깨우치는 까닭이니라. 또 이는 청정한 이니 마음의 성품이 본래로 청정함을 아는 까닭이니라.

또 이는 제일가는 이니 모든 세간을 건지어 해탈케 하는 까닭이니라. 또 이는 편안하게 위로하는 이니 일체 중생을 알도록 일러 주는 까닭이니라.

또 이는 편안히 머무는 이니 부처님의 종성種性에 머물지 못한 이를 머물게 하는 까닭이니라. 또 이는 진실하게 아는 이니 온갖 지혜의 문에 들어간 까닭이니라.

또 이는 다른 생각이 없는 이니 말하는 것이 둘이 없는 까닭이니라. 또 이는 법장法藏에 머무는 이니 온갖 부처님 법 알기를 서원하는 까닭이니라. 또 이는 법의 비를 내리는 이니 중생들의 좋아함을 따라 모두 만족케 하는 까닭이니라."

진정한 선정은 이와 같습니다.

수년 동안 선정을 닦고 있다면 경전에서 열거한 이 열 가지 가운데 한 가지만이라도 자신의 선정이 되어야 할 것입니다.

2016년 4월 1일
신라 화엄종찰 금정산 범어사
如天 無比

대방광불화엄경 목차

제1권	1. 세주묘엄품世主妙嚴品 [1]		제18권	18. 명법품明法品
제2권	1. 세주묘엄품世主妙嚴品 [2]		제19권	19. 승야마천궁품昇夜摩天宮品
제3권	1. 세주묘엄품世主妙嚴品 [3]			20. 야마천궁게찬품夜摩天宮偈讚品
제4권	1. 세주묘엄품世主妙嚴品 [4]			21. 십행품十行品 [1]
제5권	1. 세주묘엄품世主妙嚴品 [5]		제20권	21. 십행품十行品 [2]
제6권	2. 여래현상품如來現相品		제21권	22. 십무진장품十無盡藏品
제7권	3. 보현삼매품普賢三昧品		제22권	23. 승도솔천궁품昇兜率天宮品
	4. 세계성취품世界成就品		제23권	24. 도솔궁중게찬품兜率宮中偈讚品
제8권	5. 화장세계품華藏世界品 [1]			25. 십회향품十廻向品 [1]
제9권	5. 화장세계품華藏世界品 [2]		제24권	25. 십회향품十廻向品 [2]
제10권	5. 화장세계품華藏世界品 [3]		제25권	25. 십회향품十廻向品 [3]
제11권	6. 비로자나품毘盧遮那品		제26권	25. 십회향품十廻向品 [4]
제12권	7. 여래명호품如來名號品		제27권	25. 십회향품十廻向品 [5]
	8. 사성제품四聖諦品		제28권	25. 십회향품十廻向品 [6]
제13권	9. 광명각품光明覺品		제29권	25. 십회향품十廻向品 [7]
	10. 보살문명품菩薩問明品		제30권	25. 십회향품十廻向品 [8]
제14권	11. 정행품淨行品		제31권	25. 십회향품十廻向品 [9]
	12. 현수품賢首品 [1]		제32권	25. 십회향품十廻向品 [10]
제15권	12. 현수품賢首品 [2]		제33권	25. 십회향품十廻向品 [11]
제16권	13. 승수미산정품昇須彌山頂品		제34권	26. 십지품十地品 [1]
	14. 수미정상게찬품須彌頂上偈讚品		제35권	26. 십지품十地品 [2]
	15. 십주품十住品		제36권	26. 십지품十地品 [3]
제17권	16. 범행품梵行品		제37권	26. 십지품十地品 [4]
	17. 초발심공덕품初發心功德品		제38권	26. 십지품十地品 [5]

제39권	26. 십지품+地品 [6]		제58권	38. 이세간품離世間品 [6]
제40권	27. 십정품+定品 [1]		제59권	38. 이세간품離世間品 [7]
제41권	**27. 십정품＋定品 [2]**		제60권	39. 입법계품入法界品 [1]
제42권	27. 십정품+定品 [3]		제61권	39. 입법계품入法界品 [2]
제43권	27. 십정품+定品 [4]		제62권	39. 입법계품入法界品 [3]
제44권	28. 십통품+通品		제63권	39. 입법계품入法界品 [4]
	29. 십인품+忍品		제64권	39. 입법계품入法界品 [5]
제45권	30. 아승지품阿僧祇品		제65권	39. 입법계품入法界品 [6]
	31. 여래수량품如來壽量品		제66권	39. 입법계품入法界品 [7]
	32. 보살주처품菩薩住處品		제67권	39. 입법계품入法界品 [8]
제46권	33. 불부사의법품佛不思議法品 [1]		제68권	39. 입법계품入法界品 [9]
제47권	33. 불부사의법품佛不思議法品 [2]		제69권	39. 입법계품入法界品 [10]
제48권	34. 여래십신상해품如來十身相海品		제70권	39. 입법계품入法界品 [11]
	35. 여래수호광명공덕품 如來隨好光明功德品		제71권	39. 입법계품入法界品 [12]
			제72권	39. 입법계품入法界品 [13]
제49권	36. 보현행품普賢行品		제73권	39. 입법계품入法界品 [14]
제50권	37. 여래출현품如來出現品 [1]		제74권	39. 입법계품入法界品 [15]
제51권	37. 여래출현품如來出現品 [2]		제75권	39. 입법계품入法界品 [16]
제52권	37. 여래출현품如來出現品 [3]		제76권	39. 입법계품入法界品 [17]
제53권	38. 이세간품離世間品 [1]		제77권	39. 입법계품入法界品 [18]
제54권	38. 이세간품離世間品 [2]		제78권	39. 입법계품入法界品 [19]
제55권	38. 이세간품離世間品 [3]		제79권	39. 입법계품入法界品 [20]
제56권	38. 이세간품離世間品 [4]		제80권	39. 입법계품入法界品 [21]
제57권	38. 이세간품離世間品 [5]		제81권	40. 보현행원품普賢行願品

대방광불화엄경 강설 제41권

二十七. 십정품十定品 2

5. 열 가지 큰 삼매를 설하다
   3) 차제변왕제불국토신통 대삼매 ·········· 12
     (1) 삼매의 법 ·········· 12
     (2) 태양의 비유 ·········· 17
   4) 청정심심행 대삼매 ·········· 19
     (1) 삼매의 법 ·········· 19
     (2) 아지랑이의 비유 ·········· 25
     (3) 꿈의 비유 ·········· 28
   5) 지과거장엄장 대삼매 ·········· 31
     (1) 경계에 대한 지혜 ·········· 31
     (2) 지혜를 얻어 알다 ·········· 33
     (3) 겁에 들어가는 지혜 ·········· 35

(4) 삼매에서 일어나 이익을 얻다 ················ 37
　6) 지광명장 대삼매 ································· 42
　　(1) 삼매의 작용 ································· 42
　　　1〉 일체 법을 다 알다 ······················ 42
　　　2〉 모든 불사를 다 알다 ···················· 43
　　　3〉 부처님의 원만함을 다 알다 ············· 45
　　　4〉 겁의 분한을 다 알다 ···················· 46
　　(2) 삼매의 이익 ································· 49
　　　1〉 마음이 열 가지 지니는 문에 들다 ······ 49
　　　2〉 훌륭한 이익 얻음을 밝히다 ············· 53
　　　3〉 일출의 비유 ······························ 56
　　　4〉 열 가지 헛되지 않음을 얻다 ············ 57
　　　5〉 왕들이 공경하다 ························· 61
　7) 요지일체세계불장엄 대삼매 ···················· 63
　　(1) 삼매의 작용 ································· 63
　　　1〉 모든 부처님의 장엄을 보다 ············· 63
　　　2〉 모인 대중들의 장엄을 보다 ············· 66
　　　3〉 자신의 모든 행을 다 보다 ·············· 71
　　　4〉 부처님의 갖가지 모습을 다 보다 ······· 75
　　　5〉 세 가지 비유 ···························· 83

(2) 삼매의 이익 ·· 87

  1〉 열 가지 빠른 법의 성취 ································ 87

  2〉 열 가지 법인으로 모든 법을 인가하다 ················ 89

  3〉 열 가지 수승한 덕인이 되다 ···························· 92

  4〉 열 가지 지혜 얻음을 비유하다 ························ 94

  5〉 열 가지 광대한 지혜를 얻다 ···························· 97

  6〉 열 가지 청정 위덕의 몸을 얻다 ······················ 99

  7〉 중생들에게 열 가지 원만함을 얻게 하다 ········ 103

  8〉 중생들에게 열 가지 불사를 하게 하다 ············ 106

대방광불화엄경 강설
제41권

二十七. 십정품 2

5. 열 가지 큰 삼매를 설하다

3) 차제변왕제불국토신통次第徧往諸佛國土神通 대삼매

(1) 삼매三昧의 법法

불자야 운하위보살마하살의 차제변왕제불
佛子야 **云何爲菩薩摩訶薩**의 **次第徧往諸佛**

국토신통삼매오 불자야 차보살마하살이 과어동
國土神通三昧오 **佛子**야 **此菩薩摩訶薩**이 **過於東**

방무수세계하며 부과이소세계미진수세계하야
方無數世界하며 **復過爾所世界微塵數世界**하야

어피제세계중에 입차삼매호대
於彼諸世界中에 **入此三昧**호대

"불자여, 어떤 것을 보살마하살의 모든 부처님 국토에 차례로 가는 신통한 삼매[次第徧往諸佛國土神通三昧]라 하는가. 불자여, 이 보살마하살이 동쪽으로 수없는 세계를 지나가고, 다시 저러한 세계의 작은 먼지 수같이 많은 세계를 지나가면서 그 모든 세계에서 이 삼매에 들어가느니라."

열 가지 삼매 중에 그 세 번째는 모든 부처님 국토에 차례로 가는 신통한 삼매[次第徧往諸佛國土神通三昧]다. 먼저 삼매법의 내용을 밝혔다. 한량없고 그지없는 모든 세계에서 삼매에 드는데, 한 찰나에 들어가는 것에서부터 혹 말할 수 없는 겁 동안에 들고, 혹 말할 수 없이 말할 수 없는 겁 동안에 들기도 하는 것을 낱낱이 자세하게 밝혔다.

혹 찰 나 입　　　혹 수 유 입　　　혹 상 속 입　　　혹 일
或刹那入하며 或須臾入하며 或相續入하며 或日

초 분 시 입　　　혹 일 중 분 시 입　　　혹 일 후 분 시 입
初分時入하며 或日中分時入하며 或日後分時入하며

혹 야 초 분 시 입　　　혹 야 중 분 시 입　　　혹 야 후 분 시
或夜初分時入하며 或夜中分時入하며 或夜後分時

입
入하며

"혹 찰나에 들고, 혹 잠깐 동안에 들고, 혹 계속하여 들고, 혹 아침나절에 들고, 혹 점심나절에 들고, 혹 저녁나절에 들고, 혹 초저녁에 들고, 혹 한밤중에 들고, 혹 새벽녘에 들기도 하느니라."

혹일일입   혹오일입   혹반월입   혹일
或一日入하며 **或五日入**하며 **或半月入**하며 **或一**

월입   혹일년입   혹백년입   혹천년입
月入하며 **或一年入**하며 **或百年入**하며 **或千年入**하며

혹백천년입   혹억년입   혹백천억년입
或百千年入하며 **或億年入**하며 **或百千億年入**하며

혹백천 나유타 억년 입
或百千那由他億年入하며

"혹 하루 동안 들고, 혹 닷새 동안 들고, 혹 반 달 동안 들고, 혹 한 달 동안 들고, 혹 일 년 동안 들고, 혹 백년 동안 들고, 혹 천년 동안 들고, 혹 백천년 동안 들고, 혹 억년 동안 들고, 혹 백천 억년 동안 들고, 혹 백천 나유타 억년 동안 들기도 하느니라."

혹일겁입 혹백겁입 혹백천겁입 혹
或一劫入하며 或百劫入하며 或百千劫入하며 或

백천나유타억겁입 혹무수겁입 혹무량
百千那由他億劫入하며 或無數劫入하며 或無量

겁입 혹무변겁입 혹무등겁입 혹불가
劫入하며 或無邊劫入하며 或無等劫入하며 或不可

수겁입 혹불가칭겁입 혹불가사겁입
數劫入하며 或不可稱劫入하며 或不可思劫入하며

혹불가량겁입 혹불가설겁입 혹불가설
或不可量劫入하며 或不可說劫入하며 或不可說

불가설겁입
不可說劫入하야

"혹 한 겁 동안 들고, 혹 백겁 동안 들고, 혹 백천겁 동안 들고, 혹 백천 나유타 억겁 동안 들고, 혹 무수겁 동안 들고, 혹 한량없는 겁 동안 들고, 혹 그지없는 겁 동안 들고, 혹 같을 이 없는 겁 동안 들고, 혹 셀 수 없는 겁 동안 들고, 혹 일컬을 수 없는 겁 동안 들고, 혹 생각할 수 없는 겁 동안 들고, 혹 헤아릴 수 없는 겁 동안 들고, 혹 말할 수 없는 겁 동안 들고, 혹 말할 수 없이 말할 수 없는 겁 동안 들기도 하느니라."

약구약근   약법약시   종종부동   보살
若久若近과 **若法若時**가 **種種不同**호대 **菩薩**이

어피   불생분별   심무염착   부작이   부
於彼에 **不生分別**하며 **心無染着**하야 **不作二**하고 **不**

작불이   부작보   부작별
作不二하며 **不作普**하고 **不作別**하나니

"오래되기도 하고 가깝기도 하며, 법이나 시간이 갖가지로 같지 아니하거든, 보살이 저런 것에는 분별을 내지 않고, 물들지도 않고, 둘이라 하지도 않고, 둘이 아니라 하지도 않고, 같다[普] 하지도 않고, 다르다[別] 하지도 않느니라."

수리차분별   이이신통방편   종삼매기
雖離此分別이나 **而以神通方便**으로 **從三昧起**하야

어일체법   불망불실   지어구경
於一切法에 **不忘不失**하야 **至於究竟**이니라

"비록 이런 분별을 떠났지마는 신통과 방편으로 삼매에서 일어나 일체 법을 잊지도 않고, 잃지도 아니하

고, 마지막까지 이르느니라."

삼매의 법이 이와 같음을 밝혔다. 한 찰나에 삼매에 들기도 하고 말할 수 없이 말할 수 없는 겁 동안 삼매에 들기도 한다. 신통과 방편으로 삼매에서 일어나 일체 법을 잊지도 않고, 잃지도 아니하고, 마지막까지 이르는 것을 함께 밝혔다.

(2) 태양[日天子]의 비유

譬如日天子가 周行照耀하야 晝夜不住하나니 日出名晝요 日沒名夜나 晝亦不生하며 夜亦不滅인달하야

"비유하자면 마치 해가 돌면서 비추고 밤낮으로 머물지 아니하여, 해가 뜨면 낮이라 하고 해가 지면 밤이라 하지만, 낮에도 또한 생기지 않고 밤에도 또한 없어지지 않는 것과 같으니라."

보살마하살   어무수세계   입신통삼매
菩薩摩訶薩이 **於無數世界**에 **入神通三昧**하야

입삼매이 명견이소무수세계   역부여시
入三昧已에 **明見爾所無數世界**도 **亦復如是**하니

"보살마하살이 수없는 세계에서 신통삼매에 들며, 삼매에 들고는 저렇게 수없는 세계를 분명하게 보는 것도 또한 그와 같으니라."

불자   시위보살마하살   제삼차제변왕제
佛子야 **是爲菩薩摩訶薩**의 **第三次第徧往諸**

불국토신통대삼매선교지
佛國土神通大三昧善巧智니라

"불자여, 이것이 보살마하살의 제3 모든 부처님 국토에 차례로 가는 신통한 큰 삼매의 교묘한 지혜이니라."

보살마하살의 세 번째 모든 부처님 국토에 차례로 가는 신통한 큰 삼매의 교묘한 지혜의 법은 보살이 무수한 세계에

서 삼매에 들어간다고 해서 아무것도 보지 못하거나 듣지 못하는 것이 아니다. 마치 태양이 뜨면 낮이라 하고 태양이 지면 밤이라 하지만 그 태양이 낮에 생기는 것도 아니고 밤에 없어지는 것도 아닌 것과 같다. 보살의 진정한 삼매는 일체 현상을 현상과 같이 명료하게 알고 보고 듣는 일이다. 이것이 제3 차제변왕제불국토신통대삼매次第徧往諸佛國土神通大三昧의 교묘한 지혜이다.

4) 청정심심행淸淨深心行 대삼매

(1) 삼매의 법

佛子야 云何爲菩薩摩訶薩의 淸淨深心行三昧오 佛子야 此菩薩摩訶薩이 知諸佛身이 數等衆生하며 見無量佛이 過阿僧祇世界微塵數하야

"불자여, 어떤 것을 보살마하살의 청정하고 깊은 마

음의 행行인 삼매라 하는가. 불자여, 이 보살마하살이 모든 부처님의 몸이 중생의 수효와 같음을 알며, 한량없는 부처님이 아승지 세계의 작은 먼지 수보다 더 많음을 보느니라."

열 가지 삼매 중에 네 번째는 보살마하살의 청정하고 깊은 마음의 행行인 삼매다. 이 삼매의 법은 보살이 이 삼매로 부처님의 몸이 중생의 수효와 같음을 알며, 한량없는 부처님이 아승지 세계의 작은 먼지 수보다 더 많음을 본다고 하였다.

어피일일제여래소 이일체종종묘향 이
於彼一一諸如來所에 **以一切種種妙香**으로 **而**

작공양 이일체종종묘화 이작공양 이
作供養하며 **以一切種種妙華**로 **而作供養**하며 **以**

일체종종개 대여아승지불찰 이작공양
一切種種蓋의 **大如阿僧祇佛刹**로 **而作供養**하며

이초과일체세계 일체상묘장엄구 이작공
以超過一切世界한 **一切上妙莊嚴具**로 **而作供**

養하며 散一切種種寶하야 而作供養하며

"저 낱낱 모든 부처님 계신 데서 갖가지 훌륭한 향으로 공양하고, 갖가지 훌륭한 꽃으로 공양하고, 크기가 아승지 세계와 같은 갖가지 일산으로 공양하고, 일체 세계보다 많은 모든 훌륭한 장엄거리로 공양하고, 갖가지 보배를 흩어서 공양하느니라."

以一切種種莊嚴具로 莊嚴經行處하야 而作供養하며 以一切無數上妙摩尼寶藏으로 而作供養하며 以佛神力所流出過諸天上味飮食으로 而作供養하며 一切佛刹種種上妙諸供養具를 能以神力으로 普皆攝取하야 而作供養하며

"일체 갖가지 장엄거리로 경행하는 곳에 장엄하여

공양하고, 일체 수없이 많은 묘한 마니보배로 공양하고, 부처님의 신통으로 흘러나오는 모든 천상 음식보다 더 좋은 음식으로 공양하고, 모든 부처님 세계의 갖가지 훌륭한 공양거리를 능히 신통의 힘으로 모두 거두어서 공양하느니라."

이 삼매로 무수한 부처님을 알고 보아 그 낱낱 부처님 계신 데서 갖가지 훌륭한 향으로 공양하고, 갖가지 훌륭한 꽃으로 공양하고, 크기가 아승지 세계와 같은 갖가지 일산으로 공양하는 등 여러 가지 공양을 열거하였다.

어피일일제여래소 공경존중 두정예경
於彼一一諸如來所에 **恭敬尊重**하야 **頭頂禮敬**

거신보시 청문불법 찬불평등 칭양
하며 **擧身布施**하야 **請問佛法**하며 **讚佛平等**하며 **稱揚**

제불광대공덕
諸佛廣大功德하며

"저 낱낱 모든 부처님 계신 데서 공경하고 존중하고

머리를 땅에 엎드려 절하고, 몸으로 보시하면서 부처님의 법을 묻고, 부처님의 평등함을 칭찬하고, 모든 부처님의 광대한 공덕을 일컫느니라."

또 보살이 이 삼매로 일체 여래에게 공양하면서 공경과 존중과 예경과 찬탄이 따르게 됨을 밝혔다. 그리고 온몸으로 보시하면서 불법을 묻고 모든 부처님의 광대한 공덕을 높이 드날렸다.

입 어 제 불 소 입 대 비　　득 불 평 등 무 애 지 력
入於諸佛所入大悲하며 **得佛平等無礙之力**하야

어 일 념 경　　일 체 불 소　　근 구 묘 법
於一念頃에 **一切佛所**에 **勤求妙法**이나

"모든 부처님이 들어가신 자비한 마음에 들어가서 부처님의 평등하고 걸림 없는 힘을 얻고, 잠깐 동안에 일체 부처님 계신 데서 미묘한 법을 부지런히 구하느니라."

_{연어제불} _{출흥어세} _{입반열반} _{여시지}
然於諸佛의 **出興於世**와 **入般涅槃**하는 **如是之**

_상 _{개무소득}
相에 **皆無所得**이니

"그러나 모든 부처님이 세상에 출현하시고 열반에 드시는 이와 같은 모습은 하나도 생각에 두지 않느니라."

_{여산동심} _{요별소연} _{심기} _{부지하소}
如散動心으로 **了別所緣**호대 **心起**에 **不知何所**

_{연기} _{심멸} _{부지하소연멸} _{차보살마하}
緣起며 **心滅**에 **不知何所緣滅**인달하야 **此菩薩摩訶**

_살 _{역부여시} _{종불분별여래출세} _{급열반}
薩도 **亦復如是**하야 **終不分別如來出世**와 **及涅槃**

_상
相이니라

"마치 산란한 마음으로 대상을 분별할 때에 마음이 일어나도 무슨 인연으로 일어나는지 알지 못하고 마음이 소멸하여도 무슨 인연으로 소멸하였는지 알지 못하는 것과 같이, 이 보살마하살도 또한 그와 같아서 마침내 여래가 세상에 나시고 열반에 드시는 것을 분별하지 아니하느니라."

보살이 네 번째 청정하고 깊은 마음의 행行인 삼매에 들어가면 모든 부처님이 들어가신 자비한 마음에 들어가고, 부처님의 평등하고 걸림 없는 힘을 얻고, 잠깐 동안에 일체 부처님 계신 데서 미묘한 법을 부지런히 구하지만 그러나 부처님이 세상에 출현하시고 열반에 드시는 일에 대해서는 아무 것도 생각하지 않는다. 마치 사람이 어떤 경계를 대하여 무심히 분별심이 일어났다가 무심히 분별심이 사라지듯이 여래의 출현하심과 열반에 드심을 분별하지 않는다.

(2) 아지랑이의 비유

불자야 여일중양염이 부종운생이며 부종지생이며
佛子야 **如日中陽焰**이 **不從雲生**이며 **不從池生**이며

불처어륙이며 부주어수며 비유비무며 비선비악이며
不處於陸이며 **不住於水**며 **非有非無**며 **非善非惡**이며

비청비탁　　　불감음수　　불가예오　　비유체
非淸非濁이며 **不堪飮漱**며 **不可穢汚**며 **非有體**며

비무체　　비유미　　비무미
非無體며 **非有味**며 **非無味**로대

"불자여, 마치 햇살에 나타나는 아지랑이가 구름에서 생기지도 않고 못에서 생기지도 않고, 육지에 있지도 않고 물에 있지도 않으며, 있는 것도 아니고 없는 것도 아니며, 착하지도 않고 악하지도 않으며, 맑은 것도 아니고 흐린 것도 아니며, 마시거나 씻을 수도 없고, 더럽힐 수도 없으며, 자체가 있지도 않고 자체가 없지도 않으며, 맛이 있지도 않고 맛이 없지도 않은 것과 같으니라."

　　이인연고　　이현수상　　　위식소료　　　원망
以因緣故로 **而現水相**이어든 **爲識所了**하야 **遠望**

사수　　이흥수상　　근지즉무　　수상자멸
似水일새 **而興水想**이나 **近之則無**하야 **水想自滅**인달하야

"인연으로 물인 듯한 모양이 나타나서 의식으로 분별하는 것이며, 멀리서 보면 물과 같아서 물이라는 생

각이 나지마는 가까이 가면 없어져서 물이라는 생각이 저절로 사라지느니라."

차보살마하살 역부여시 부득여래출흥
此菩薩摩訶薩도 **亦復如是**하야 **不得如來出興**
어세 급열반상 제불유상 급이무상 개
於世와 **及涅槃相**이니 **諸佛有相**과 **及以無相**이 **皆**
시상심지소분별
是想心之所分別이니라

"보살마하살도 또한 그와 같아서 여래가 세상에 출현하시고 열반에 드시는 모습을 분별하지 않나니 부처님의 형상이 있다거나 없다거나 하는 것이 모두 허망한 마음으로 분별하는 것이니라."

아지랑이의 실상에 대해서 자세히 밝혔다. 이 아지랑이의 실상을 비유로 들어 보살이 삼매에 들었을 때 여래가 세상에 출현하시고 열반에 드시는 모습을 분별하지 않음을 밝힌 것이다. 부처님의 형상이 있다거나 없다거나 하는 것이 모두 허망한 마음으로 분별하는 것이다. 그래서 금강경에서는 "만약 형상으로써 여래를 보거나 음성으로써 여래를 구한다면 이 사람은 삿된 도를 행하는 것이다. 결코 여래를 보지 못하리라."[1]라고 하였다. 형상을 보고 여래라 하거나 음성을 듣고 여래라 하는 것은 모두 허망한 마음으로 분별하는 것이기 때문이다.

(3) 꿈의 비유

佛子야 此三昧가 名爲淸淨深心行이라 菩薩摩
訶薩이 於此三昧에 入已而起하며 起已不失하나니

"불자여, 이 삼매는 이름이 청정하고 깊은 마음의 행[淸淨深心行]이니라. 보살마하살이 이 삼매에 들었다가 일어나며 일어나서는 잃어버리지 아니하느니라."

---

1) 若以色見我 以音聲求我 是人行邪道 不能見如來.

_{비여유인} _{종수득오} _{억소몽사} _{교시}
譬如有人이 **從睡得寤**하야 **憶所夢事**하면 **覺時**에

_{수무몽중경계} _{이능억념} _{심불망실}
雖無夢中境界나 **而能憶念**하야 **心不忘失**인달하야

"비유하자면 마치 어떤 사람이 자다가 깨어나서 꿈꾸던 일을 기억하는 것과 같아서 깨었을 적에는 비록 꿈속의 경계가 없지마는 분명히 기억하여 마음에 잃어버리지 아니하느니라."

_{보살마하살} _{역부여시} _{입어삼매} _견
菩薩摩訶薩도 **亦復如是**하야 **入於三昧**하야 **見**

_{불문법} _{종정이기} _{억지불망} _{이이차법}
佛聞法하고 **從定而起**에 **憶持不忘**하야 **而以此法**으로

_{개효일체도량중회} _{장엄일체제불국토}
開曉一切道場衆會하며 **莊嚴一切諸佛國土**하며

"보살마하살도 또한 그와 같아서 삼매에 들어 부처님을 뵈옵고 법을 듣고는 삼매에서 일어나서도 잘 기억하여 잊어버리지 아니하여 그 법문으로 일체 도량에 모인 이들을 깨우쳐 주고 일체 모든 부처님의 국토를 장

엄하느니라."

無量義趣가 悉得明達하며 一切法門이 皆亦淸淨하며 燃大智炬하며 長諸佛種하며 無畏具足하며 辯才不竭하야 開示演說甚深法藏하나니 是爲菩薩摩訶薩의 第四淸淨深心行大三昧善巧智니라

"한량없는 이치를 모두 분명하게 통달하고, 일체 법문이 또한 모두 청정하며, 큰 지혜의 횃불을 밝혀 모든 부처님의 종자를 자라게 하며, 두려움 없음이 구족하고 변재가 다하지 아니하여 깊고 깊은 법장을 열어서 연설하느니라. 이것이 보살마하살의 제4 청정하고 깊은 마음의 행인 큰 삼매의 선교한 지혜이니라."

보살이 청정하고 깊은 마음의 행[淸淨深心行]이라는 이 삼매에 들어도 부처님을 친견하고 법문을 듣는다. 또 삼매에서

일어난 뒤에도 그 법문의 한량없는 이치를 모두 다 통달하여 알며, 삼매 속에서 들은 법문이 모두 청정해져서 큰 지혜의 횃불이 되어 부처님의 종자를 자라게 하는 등의 보살행을 모두 실천한다. 삼매에 들었다고 해서 목석과 같이 무심한 것이 결코 아니다. 삼매에 들었을 때와 삼매에서 일어났을 때의 일이 마치 꿈을 꾸는 일과도 같음을 꿈으로 비유하여 밝혔다. 이것이 보살마하살의 네 번째 청정하고 깊은 마음의 행인 큰 삼매의 선교善巧한 지혜이다.

5) 지과거장엄장知過去莊嚴藏 대삼매

(1) 경계에 대한 지혜

佛子야 云何爲菩薩摩訶薩의 知過去莊嚴藏
불자   운하위보살마하살   지과거장엄장

三昧오 佛子야 此菩薩摩訶薩이 能知過去諸佛出
삼매   불자   차보살마하살   능지과거제불출

現하나니
현

"불자여, 어떤 것을 보살마하살의 과거의 장엄한 갈무리를 아는[知過去莊嚴藏] 삼매라 하는가. 불자여, 이 보살마하살이 과거의 모든 부처님이 출현하신 일을 능히 아느니라."

所謂劫次第中諸刹次第와 刹次第中諸劫次第와 劫次第中諸佛出現次第와 佛出現次第中說法次第와 說法次第中諸心樂次第와

"이른바 겁劫의 차례 중에 있는 세계의 차례와, 세계의 차례 중에 있는 겁의 차례와, 겁의 차례 중에 있는 모든 부처님이 출현하신 차례와, 부처님이 출현하신 차례에서 법을 말씀하신 차례와, 법을 말씀하신 차례에서 마음이 즐거운 차례이니라."

심락 차제 중 제근 차제　　근 차제 중 조복 차제
心樂次第中諸根次第와 **根次第中調伏次第**와

조복 차제 중 제불 수명 차제　　수명 차제 중 지 억
調伏次第中諸佛壽命次第와 **壽命次第中知億**

나 유 타 년 세 수 량 차 제
那由他年歲數量次第니라

"마음이 즐거운 차례에서 근기의 차례와, 근기의 차례에서 조화하여 굴복한 차례와, 조화하여 굴복한 차례에서 모든 부처님 수명의 차례와, 수명의 차례에서 억 나유타 해의 수량과 차례를 아느니라."

열 가지 삼매 중에 다섯 번째는 과거의 장엄한 갈무리를 아는[知過去莊嚴藏] 삼매다. 그 내용은 과거의 모든 부처님이 출현하신 일을 능히 아는 것이다.

(2) 지혜를 얻어 알다

불자　　차 보살 마 하 살　　득 여시무변 차 제 지
佛子야 **此菩薩摩訶薩**이 **得如是無邊次第智**

故_로 則知過去諸佛_{하며} 則知過去諸刹_{하며} 則知過
去法門_{하며} 則知過去諸劫_{하며} 則知過去諸法_{하며}

"불자여, 이 보살마하살이 이와 같이 그지없는 차례를 아는 지혜를 얻었으므로 곧 과거의 부처님을 알며, 곧 과거의 모든 세계를 알며, 곧 과거의 법문을 알며, 곧 과거의 모든 겁을 알며, 곧 과거의 모든 법을 아느니라."

則知過去諸心_{하며} 則知過去諸解_{하며} 則知過
去諸衆生_{하며} 則知過去諸煩惱_{하며} 則知過去諸
儀式_{하며} 則知過去諸淸淨_{이니라}

"곧 과거의 모든 마음을 알며, 곧 과거의 모든 지혜를 알며, 곧 과거의 모든 중생을 알며, 곧 과거의 모든 번뇌를 알며, 곧 과거의 모든 의식을 알며, 곧 과거의 모든 청정함을 아느니라."

　보살이 과거의 장엄한 갈무리를 아는 삼매를 얻어 그지없는 차례를 아는 지혜를 얻었으므로 곧 과거의 부처님을 알고, 곧 과거의 모든 세계를 알고, 이와 같이 계속하여 곧 과거의 모든 의식을 알고, 곧 과거의 모든 청정함을 아는 데까지 열한 가지 아는 지혜를 밝혔다.

(3) 겁에 들어가는 지혜

佛子야 此三昧가 名過去淸淨藏이니 於一念中에 能入百劫하며 能入千劫하며 能入百千劫하며 能入百千億那由他劫하며 能入無數劫하며 能入無量劫하며 能入無邊劫하며

　"불자여, 이 삼매를 과거의 청정한 갈무리[過去淸淨藏]

라 이름하나니, 잠깐 동안에 능히 백겁에 들어가고, 능히 천겁에 들어가고, 능히 백천겁에 들어가고, 능히 백천억 나유타 겁에 들어가고, 능히 수없는 겁에 들어가고, 능히 한량없는 겁에 들어가고, 능히 그지없는 겁에 들어가느니라."

能入無等劫하며 能入不可數劫하며 能入不可稱劫하며 能入不可思劫하며 能入不可量劫하며 能入不可說劫하며 能入不可說不可說劫이니라 佛子야 彼菩薩摩訶薩이 入此三昧에 不滅現在하며 不緣過去니라

"능히 같음이 없는 겁에 들어가고, 능히 셀 수 없는 겁에 들어가고, 능히 일컬을 수 없는 겁에 들어가고, 능히 생각할 수 없는 겁에 들어가고, 능히 헤아릴 수 없는

겁에 들어가고, 능히 말할 수 없는 겁에 들어가고, 능히 말할 수 없이 말할 수 없는 겁에 들어가느니라. 불자여, 저 보살마하살이 이 삼매에 들어서는 현재를 멸하지도 아니하고 과거를 반연하지도 아니하느니라."

보살이 과거의 장엄한 갈무리를 아는 삼매에 머물면 일체 겁에 들어가는 지혜를 얻어 잠깐 동안에 능히 백겁에 들어가고, 능히 천겁에 들어가고, 능히 백천겁에 들어가고, 나아가서 능히 말할 수 없이 말할 수 없는 겁에도 다 들어간다.

(4) 삼매에서 일어나 이익을 얻다

佛子_야 彼菩薩摩訶薩_이 從此三昧起_에 於如來所_에 受十種不可思議灌頂法_{하야} 亦得_{하며} 亦清淨_{하며} 亦成就_{하며} 亦入_{하며} 亦證_{하며} 亦滿_{하며} 亦持_{하며}

平 等 了 知　　삼 륜 청 정
平等了知하며 **三輪淸淨**하나니

　"불자여, 저 보살마하살이 이 삼매에서 일어나면 여래가 계신 곳에서 열 가지의 헤아릴 수 없는 정수리에 물 붓는 법을 받아서 얻고, 청정하고, 성취하고, 들어가고, 증득하고, 만족하고, 지니고, 평등하게 알아서 삼륜三輪이 청정하게 되느니라."

　보살이 과거의 장엄한 갈무리를 아는 삼매에서 일어나 열 가지 불가사의한 정수리에 물 붓는 법을 받는다. 정수리에 물 붓는 법이란 부처님의 법을 받아 부처님의 일을 대신하는 자격을 부여받는 것이다. 그 법을 받아서는 얻고 청정하고 성취하는 등으로 몸과 말과 뜻의 삼륜이 청정하게 된다.

하 등　　위 십　　일 자　　변 불 위 의　　이 자　　설
何等이 **爲十**고 **一者**는 **辯不違義**요 **二者**는 **說**

법 무 진　　삼 자　　훈 사 무 실　　사 자　　요 설 부
法無盡이요 **三者**는 **訓詞無失**이요 **四者**는 **樂說不**

단이요 五者_는 心無恐畏요 六者_는 語必誠實이요 七
者_는 衆生所依요 八者_는 救脫三界요 九者_는 善根
最勝이요 十者_는 調御妙法이니라

"무엇이 열인가. 하나는 말하는 것이 뜻과 어긋나지 않고, 둘은 법을 말함이 다함이 없고, 셋은 해석하는 말이 잘못이 없고, 넷은 말하기를 좋아하여 끊어지지 않고, 다섯은 마음에 두려움이 없고, 여섯은 말이 반드시 진실하고, 일곱은 중생들의 의지가 되고, 여덟은 삼계를 구제하여 해탈케 하고, 아홉은 착한 뿌리가 가장 수승하고, 열은 묘한 법으로 잘 지도함이니라."

열 가지의 헤아릴 수 없는 정수리에 물 붓는 법이란 말하는 것이 뜻과 어긋나지 않고, 법을 말함이 다함이 없고, 해석하는 말이 잘못이 없는 것 등인데 모두가 부처님을 대신해서 법을 설하는 데 반드시 필요로 하는 내용이다.

佛子야 此是十種灌頂法이니 若菩薩이 入此三昧하면 從三昧起하야 無間則得이 如歌羅邏가 入胎藏時에 於一念間에 識則託生인달하야

"불자여, 이것이 열 가지의 정수리에 물 붓는 법이니, 만약 보살이 이 삼매에 들었다가 삼매에서 일어나면 잠깐 동안 곧 얻게 되는 것이 마치 가라라가 태에 들 적에 잠깐 동안에 의식이 곧 의탁함과 같으니라."

가라라歌羅邏란 가루라迦樓羅로서 가류라迦留羅·아로나誐嚕拏·가로다加嚕茶라고도 쓰고, 항영項癭·대소항大嗉項·식토비고성食吐悲苦聲이라 번역한다. 금시조金翅鳥·묘시조妙翅鳥라 번역하기도 한다. 용을 잡아먹는다는 조류鳥類의 왕이다. 독수리같이 사나운 새다. 8부중部衆의 하나로 실재하는 동물이 아니고 신화神話 속의 새다. 고대의 인도 사람들은 새의 괴수로서 이러한 큰 새의 존재를 상상하고, 대승경전 같은 데에 8부중의 하나로 자주 인용하였다.

보살마하살 역부여시   종차정기   어여
菩薩摩訶薩도 **亦復如是**하야 **從此定起**에 **於如**

래소   일념즉득차십종법   불자   시명보살
來所에 **一念則得此十種法**이니라 **佛子**야 **是名菩薩**

마하살   제오지과거장엄장대삼매선교지
摩訶薩의 **第五知過去莊嚴藏大三昧善巧智**니라

"보살마하살도 또한 그와 같아서 이 삼매에서 일어나면 부처님 계신 데서 잠깐 동안에 이 열 가지 법을 얻게 되느니라. 불자여, 이것을 보살마하살의 제5 과거의 장엄한 갈무리를 아는 큰 삼매의 교묘한 지혜라 하느니라."

가루라가 태에 들 때 한순간에 의식이 곧바로 의탁하듯이 보살도 또한 그와 같아서 과거의 장엄한 갈무리를 아는 큰 삼매에서 일어나면 부처님 계신 데서 잠깐 동안에 위에서 밝힌 열 가지의 법을 얻게 된다. 이것을 다섯 번째 과거의 장엄한 갈무리를 아는 큰 삼매의 교묘한 지혜라 한다.

6) 지광명장智光明藏 대삼매

(1) 삼매의 작용

1〉 일체 법을 다 알다

佛子야 云何爲菩薩摩訶薩의 智光明藏三昧오

佛子야 彼菩薩摩訶薩이 住此三昧에 能知未來一

切世界와 一切劫中所有諸佛의 若已說과 若未說과

若已授記와 若未授記한 種種名號의 各各不同
하나니라

"불자여, 어떤 것을 보살마하살의 지혜 광명 창고[智光明藏]인 삼매라 하는가. 불자여, 저 보살마하살이 이 삼매에 머물면 오는 세상의 모든 세계 모든 겁에 나시는 모든 부처님을 알며, 이미 말하였거나 말하지 않았거나, 수기를 받았거나 수기를 받지 않았거나 가지가지 이름이 각각 같지 아니함을 아느니라."

소위무수명   무량명   무변명   무등명   불
所謂無數名과 **無量名**과 **無邊名**과 **無等名**과 **不**

가수명   불가칭명   불가사명   불가량명   불
可數名과 **不可稱名**과 **不可思名**과 **不可量名**과 **不**

가설명
可說名이니라

"이른바 수없는 이름과, 한량없는 이름과, 그지없는 이름과, 같을 이 없는 이름과, 셀 수 없는 이름과, 일컬을 수 없는 이름과, 생각할 수 없는 이름과, 헤아릴 수 없는 이름과, 말할 수 없는 이름이니라."

보살이 지혜 광명 창고[智光明藏]인 삼매에 머물면 오는 삼세의 일체 세계 일체 겁 동안 출현하시는 모든 부처님의 갖가지 이름을 다 잘 안다. 수없는 이름과 한량없는 이름과 그지없는 이름과 같을 이 없는 이름 등이다.

2〉 모든 불사佛事를 다 알다

당출현어세   당이익중생   당작법왕   당
當出現於世와 **當利益衆生**과 **當作法王**과 **當**

홍불사 당설복리 당찬선의 당설백분의
興佛事와 **當說福利**와 **當讚善義**와 **當說白分義**와

당 정 치 제 악 당 안 주 공 덕 당 개 시 제 일 의 제
當淨治諸惡과 **當安住功德**과 **當開示第一義諦**와

당 입 관 정 위 당 성 일 체 지
當入灌頂位와 **當成一切智**니라

"이런 이들이 마땅히 세상에 출현할 것이며, 중생을 이익되게 할 것이며, 법왕이 될 것이며, 부처님 일을 일으킬 것이며, 복과 이익을 말할 것이며, 좋은 이치를 찬탄할 것이며, 깨끗한 뜻[白分義]을 말할 것이며, 모든 나쁜 짓을 다스릴 것이며, 공덕에 편안히 머물 것이며, 으뜸가는 진리[第一義諦]를 열어 보일 것이며, 정수리에 물 붓는 지위에 들어갈 것이며, 일체 지혜를 이룰 것이니라."

보살이 지혜 광명 창고인 삼매에 머물면 또한 마땅히 위의 경문에서 밝힌 많은 불사를 일으키게 된다. 세상에 출현하는 것이며, 중생을 이익되게 하는 것이며, 법왕이 되는 것 등의 일이다.

3) 부처님의 원만함을 다 알다

彼_피諸_제如_여來_래의 修_수圓_원滿_만行_행과 發_발圓_원滿_만願_원과 入_입圓_원滿_만智_지와 有_유圓_원滿_만衆_중과 備_비圓_원滿_만莊_장嚴_엄과 集_집圓_원滿_만功_공德_덕과 悟_오圓_원滿_만法_법과 得_득圓_원滿_만果_과와 具_구圓_원滿_만相_상과 成_성圓_원滿_만覺_각과 彼_피諸_제如_여來_래의 名_명姓_성種_종族_족과 方_방便_편善_선巧_교와 神_신通_통變_변化_화와 成_성熟_숙衆_중生_생과 入_입般_반涅_열槃_반하는 如_여是_시一_일切_체를 皆_개悉_실了_요知_지하나니라

"저 모든 여래가 원만한 행을 닦고, 원만한 서원을 내고, 원만한 지혜에 들어가고, 원만한 대중을 가지고, 원만한 장엄을 갖추고, 원만한 공덕을 모으고, 원만한 법을 깨닫고, 원만한 결과를 얻고, 원만한 몸매를 구족하고, 원만한 깨달음을 이룰 것이며, 저 모든 여래의 이름과 성씨와 문벌과 방편이 교묘함과 신통변화와 중생을 성숙케 하고 열반에 드시는 이와 같은 일체를 다 분명하게 아느니라."

보살이 지혜 광명 곳집, 즉 지혜의 무진장한 광명 창고인 큰 삼매에 머물면 모든 여래의 원만한 경지를 남김없이 다 안다. 여래에게 무엇인들 원만하지 않겠는가. 그 하나하나를 열거하였다. 원만한 행을 닦고, 원만한 서원을 내고, 원만한 지혜에 들어가고, 원만한 대중을 가지고, 원만한 장엄을 갖추는 것 등이다.

4〉 겁의 분한分限을 다 알다

차보살 어일념중 능입일겁백겁천겁백
此菩薩이 **於一念中**에 **能入一劫百劫千劫百**

천겁백천억나유타겁 입염부제미진수겁
千劫百千億那由他劫하며 **入閻浮提微塵數劫**하며

입사천하미진수겁 입소천세계미진수겁
入四天下微塵數劫하며 **入小千世界微塵數劫**하며

입중천세계미진수겁
入中千世界微塵數劫하며

"이 보살이 잠깐 동안에 능히 한 겁과 백겁과 천겁과 백천겁과 백천억 나유타 겁에 들어가며, 염부제閻浮提

작은 먼지 수의 겁에 들어가며, 사천하 작은 먼지 수의 겁에 들어가며, 소천세계 작은 먼지 수의 겁에 들어가며, 중천세계 작은 먼지 수의 겁에 들어가며,

입대천세계미진수겁
入大千世界微塵數劫하며 입백불찰미진수겁
入百佛刹微塵數劫하며

입백천불찰미진수겁
入百千佛刹微塵數劫하며 입백천억나유타불찰미진수겁
入百千億那由他佛刹微塵數劫하며

입무수불찰미진수겁
入無數佛刹微塵數劫하며

대천세계 작은 먼지 수의 겁에 들어가며, 백 부처님 세계 작은 먼지 수의 겁에 들어가며, 백천 부처님 세계 작은 먼지 수의 겁에 들어가며, 백천억 나유타 부처님 세계 작은 먼지 수의 겁에 들어가며, 수없는 부처님 세계 작은 먼지 수의 겁에 들어가느니라."

입무량불찰미진수겁
入無量佛刹微塵數劫하며 입무변불찰미진수
入無邊佛刹微塵數

겁　　입무등불찰미진수겁　　입불가수불찰
劫하며 入無等佛刹微塵數劫하며 入不可數佛刹

미진수겁　　입불가칭불찰미진수겁
微塵數劫하며 入不可稱佛刹微塵數劫하며

"한량없는 부처님 세계 작은 먼지 수의 겁에 들어가며, 그지없는 부처님 세계 작은 먼지 수의 겁에 들어가며, 같을 이 없는 부처님 세계 작은 먼지 수의 겁에 들어가며, 셀 수 없는 부처님 세계 작은 먼지 수의 겁에 들어가며, 일컬을 수 없는 부처님 세계 작은 먼지 수의 겁에 들어가며,

　　입불가사불찰미진수겁　　입불가량불찰미
入不可思佛刹微塵數劫하며 入不可量佛刹微

진수겁　　입불가설불찰미진수겁　　입불가
塵數劫하며 入不可說佛刹微塵數劫하며 入不可

설불가설불찰미진수겁　　여시미래일체세계
說不可說佛刹微塵數劫하야 如是未來一切世界

소유겁수　능이지혜　개실요지
所有劫數를 能以智慧로 皆悉了知하나라

생각할 수 없는 부처님 세계 작은 먼지 수의 겁에 들어가며, 헤아릴 수 없는 부처님 세계 작은 먼지 수의 겁에 들어가며, 말할 수 없는 부처님 세계 작은 먼지 수의 겁에 들어가며, 말할 수 없이 말할 수 없는 부처님 세계 작은 먼지 수의 겁에 들어가나니, 이와 같이 오는 세계에 있는 모든 겁을 능히 지혜로써 모두 다 아느니라."

겁의 분한分限이란 시간의 길고 짧음을 말한다. 긴 시간과 조금 긴 시간과 아주 긴 시간 등을 보살이 지혜의 무진장한 광명 창고인 큰 삼매에 머물면 능히 다 안다. 이것이 이 삼매의 큰 작용이다.

(2) 삼매의 이익

1〉마음이 열 가지 지니는 문에 들다

이요지고   기심   부입십종지문   하자
以了知故로 **其心**이 **復入十種持門**하나니 **何者**가

위십   소위입불지고   득불가설불찰미진수
爲十고 **所謂入佛持故**로 **得不可說佛刹微塵數**

제불호념　　입법지고　　득십종다라니광명무
諸佛護念하며 **入法持故**로 **得十種陀羅尼光明無**

진변재
盡辯才하며

"이렇게 분명하게 아는 연고로 그 마음이 다시 열 가지의 지니는 문에 들어가느니라. 무엇이 열인가. 이른바 부처님을 지니는 데 들어갔으므로 말할 수 없는 세계 작은 먼지 수같이 많은 부처님의 호념護念하심을 얻고, 법을 지니는 데 들어갔으므로 열 가지 다라니 광명의 다하지 않는 변재를 얻느니라."

　　입행지고　　출생원만수승제원　　입력지고
入行持故로 **出生圓滿殊勝諸願**하며 **入力持故**로

무능영폐　　무능최복　　입지지고　　소행불
無能映蔽하고 **無能摧伏**하며 **入智持故**로 **所行佛**

법　무유장애　　입대비지고　　전어불퇴청정
法이 **無有障礙**하며 **入大悲持故**로 **轉於不退淸淨**

법륜
法輪하며

"행을 지니는 데 들어갔으므로 원만하고 수승한 서원을 내고, 힘을 지니는 데 들어갔으므로 가려 버릴 이가 없으며 꺾어 굴복할 이가 없고, 지혜를 지니는 데 들어갔으므로 불법佛法을 행하는 데 장애가 없고, 큰 자비를 지니는 데 들어갔으므로 물러나지 않는 청정한 법을 굴리느니라."

入差別善巧句持故로 轉一切文字輪하야 淨一切法門地하며 入獅子受生法持故로 開法關鑰하야 出欲淤泥하며 入智力持故로 修菩薩行하야 常不休息하며

"차별하고 교묘한 글귀를 지니는 데 들어갔으므로 모든 문자의 바퀴를 굴리어 모든 법문을 깨끗하게 하고, 사자가 태어나는 법을 지니는 데 들어갔으므로 법의 자물쇠를 열어 탐욕의 진창에서 벗어 나오고, 지혜

의 힘을 지니는 데 들어갔으므로 보살의 행을 닦아 항상 쉬지 아니하느니라."

入善友力持故로 **令無邊衆生**으로 **普得清淨**하며 **入無住力持故**로 **入不可說不可說廣大劫**하며 **入法力持故**로 **以無礙方便智**로 **知一切法自性清淨**이니라

"선지식의 힘을 지니는 데 들어갔으므로 그지없는 중생으로 하여금 청정함을 얻게 하고, 머무름이 없는 힘을 지니는 데 들어갔으므로 말할 수 없이 말할 수 없는 광대한 겁에 들어가고, 법의 힘을 지니는 데 들어갔으므로 걸림 없는 방편과 지혜로 온갖 법의 성품이 청정함을 아느니라."

마음이 열 가지 지니는 문에 들어가는 것 또한 보살이 지

혜의 무진장한 광명 창고[智光明藏]인 큰 삼매에 머무는 큰 이익이다.

2) 훌륭한 이익 얻음을 밝히다

佛子야 菩薩摩訶薩이 住此三昧已에 善巧住不可說不可說劫하며 善巧住不可說不可說刹하며 善巧知不可說不可說種種衆生하며 善巧知不可說不可說衆生異相하며

"불자여, 보살마하살이 이 삼매에 머물고는 말할 수 없이 말할 수 없는 겁에 잘[善巧] 머물며, 말할 수 없이 말할 수 없는 세계에 잘 머물며, 말할 수 없이 말할 수 없는 갖가지 중생을 잘 알며, 말할 수 없이 말할 수 없는 중생의 다른 모습을 잘 아느니라."

善巧知不可說不可說同異業報하며 善巧知不
可說不可說精進諸根과 習氣相續差別諸行하며
善巧知不可說不可說無量染淨種種思惟하며 善
巧知不可說不可說法種種義와 無量文字演說
言辭하며

"말할 수 없이 말할 수 없는 같고 다른 업보를 잘 알며, 말할 수 없이 말할 수 없는 정진하는 근기와 버릇이 계속됨과 차별한 여러 행을 잘 알며, 말할 수 없이 말할 수 없는 무량한 물든 생각과 깨끗한 생각을 잘 알며, 말할 수 없이 말할 수 없는 법과 갖가지 뜻과 한량없는 문자와 연설하는 말을 잘 아느니라."

善巧知不可說不可說種種佛出現에 種族時

절과 現相_{현상}說法_{설법}과 施爲佛事_{시위불사}와 入般涅槃_{입반열반}하며 善_선巧知不可說不可說無邊智慧門_{교지불가설불가설무변지혜문}하며 善巧知不可_{선교지불가}說不可說一切神通無量變現_{설불가설일체신통무량변현}하나니라

"말할 수 없이 말할 수 없는 가지가지 부처님이 출현하시는 일과, 문벌[種族]과 시절과 형상을 나타내어 법을 말함과, 불사를 지음과 열반에 드심을 잘 알며, 말할 수 없이 말할 수 없는 그지없는 지혜의 문을 잘 알며, 말할 수 없이 말할 수 없는 일체 신통과 한량없는 변화를 잘 아느니라."

보살이 지혜의 무진장한 광명 창고인 큰 삼매에 머무는 큰 이익으로서 마음이 열 가지 지니는 문에 들어가는 것과 열 가지 잘 아는 이익 얻음을 밝혔다. 이와 같은 이익 얻음을 아래에 비유로써 밝혔다.

3〉 일출日出의 비유

佛子야 **譬如日出**에 **世間所有村營城邑**과 **宮殿**
불자   비여일출   세간소유촌영성읍   궁전

屋宅과 **山澤鳥獸**와 **樹林華果**의 **如是一切種種諸**
옥택   산택조수   수림화과   여시일체종종제

物을 **有目之人**이 **悉得明見**하나니라
물   유목지인   실득명견

"불자여, 비유하자면 마치 해가 뜨면 세간에 있는 마을과 도시와 궁전과 가옥과 산과 못과 새와 짐승과 나무와 숲과 꽃과 과실 등의 가지가지 물건을 눈이 있는 사람은 모두 보는 것과 같으니라."

佛子야 **日光**이 **平等**하야 **無有分別**호대 **而能令目**
불자   일광   평등   무유분별   이능영목

으로 **見種種相**인달하야 **此大三昧**도 **亦復如是**하야 **體**
   견종종상   차대삼매   역부여시   체

性이 **平等**하야 **無有分別**호대 **能令菩薩**로 **知不可說**
성   평등   무유분별   능령보살   지불가설

불가설 백 천 억 나 유 타 차 별 지 상
不可說百千億那由他差別之相이니라

"불자여, 햇빛은 평등하여 분별이 없지마는 능히 눈으로 하여금 가지가지 모양을 보게 하듯이, 이 큰 삼매도 또한 다시 그와 같아서 체성이 평등하여 분별이 없지마는 능히 보살들로 하여금 말할 수 없이 말할 수 없는 백천억 나유타 차별한 형상을 알게 하느니라."

보살이 지혜의 무진장한 광명 창고인 큰 삼매에 머물러 체성이 평등한 가운데 일체가 차별한 현상들을 낱낱이 다 아는 것을 해가 떴을 때 눈이 있는 사람은 모든 사물을 낱낱이 다 보고 분별할 수 있는 것에 비유하여 밝혔다.

4) 열 가지 헛되지 않음을 얻다

불자 차보살마하살 여시요지시 영제중
佛子야 **此菩薩摩訶薩**이 **如是了知時**에 **令諸衆**

생 득십종불공 하등 위십 일자 견
生으로 **得十種不空**하나니 **何等**이 **爲十**고 **一者**는 **見**

不空이니 令諸衆生으로 生善根故며 二者는 聞不空
이니 令諸衆生으로 得成熟故며

"불자여, 이 보살마하살이 이와 같이 알 때에 중생들로 하여금 열 가지의 헛되지 않음을 얻게 하느니라. 무엇이 열인가. 하나는 보는 것이 헛되지 않으니 중생들로 하여금 착한 뿌리를 내게 함이요, 둘은 들음이 헛되지 않으니 중생들을 성숙하게 함이요,

三者는 同住不空이니 令諸衆生으로 心調伏故며
四者는 發起不空이니 令諸衆生으로 如言而作하야
通達一切諸法義故며 五者는 行不空이니 令無邊
世界로 皆淸淨故며

셋은 함께 머무름이 헛되지 않으니 중생들의 마음을

조복하게 함이요, 넷은 발기發起함이 헛되지 않으니 중생들로 하여금 말한 대로 행하게 하여 온갖 법과 뜻을 통달하게 함이요, 다섯은 행이 헛되지 않으니 그지없는 세계를 다 청정케 함이니라."

六者는 親近不空이니 於不可說不可說佛刹諸如來所에 斷不可說不可說衆生疑故며 七者는 願不空이니 隨所念衆生하야 令作勝供養하야 成就諸願故며 八者는 善巧法不空이니 皆令得住無礙解脫淸淨智故며

"여섯은 친근함이 헛되지 않으니 말할 수 없이 말할 수 없는 세계의 부처님 계신 데서 말할 수 없이 말할 수 없는 중생의 의심을 끊게 함이요, 일곱은 서원이 헛되지 않으니 생각하는 중생들을 따라서 훌륭한 공양을 짓

게 하여 원을 성취하게 함이요, 여덟은 교묘한 법이 헛되지 않으니 모두 걸림 없는 해탈과 청정한 지혜에 머물게 함이요,

九者는 **雨法雨不空**이니 **於不可說不可說諸根衆生中**에 **方便開示一切智行**하야 **令住佛道故**며 **十者**는 **出現不空**이니 **現無邊相**하야 **令一切衆生**으로 **皆蒙照故**니라

 아홉은 법의 비를 내림이 헛되지 않으니 말할 수 없이 말할 수 없는 여러 가지 근성을 가진 중생들에게 온갖 지혜의 행을 방편으로 열어 보여서 부처님의 도道에 머물게 함이요, 열은 나타남이 헛되지 않으니 그지없는 몸매를 나타내어 일체 중생으로 하여금 모두 비춤을 얻게 함이니라."

또 보살이 지혜의 무진장한 광명 창고인 큰 삼매에 머물러 체성이 평등한 가운데 일체가 차별한 현상들을 낱낱이 다 알 때에 보고 듣는 등 열 가지가 헛되지 않음을 밝혔다.

5〉왕王들이 공경하다

佛子_야 菩薩摩訶薩_이 住此三昧_{하야} 得十種不空時_에 諸天王衆_이 皆來頂禮_{하며} 諸龍王衆_이 興大香雲_{하며} 諸夜叉王_이 頂禮其足_{하며} 阿修羅王_이 恭敬供養_{하며} 迦樓羅王_이 前後圍遶_{하며}

"불자여, 보살마하살이 이 삼매에 머물면서 열 가지의 헛되지 않음을 얻을 적에, 모든 천왕들은 와서 예배하고, 모든 용왕들은 큰 향기구름을 일으키고, 모든 야차왕들은 땅에 엎드려 발에 절하고, 아수라왕들은 공경공양하고, 가루라왕들은 앞뒤로 옹호하고,

諸梵天王이 悉來勸請하며 緊那羅王과 摩睺羅伽王이 咸共稱讚하며 乾闥婆王이 常來親近하며 諸人王衆이 承事供養하나니 佛子야 是爲菩薩摩訶薩의 第六智光明藏大三昧善巧智니라

모든 범천왕들은 와서 법을 청하고, 긴나라왕과 마후라가왕들은 모두 함께 칭찬하고, 건달바왕들은 항상 와서 친근하고, 모든 인간의 왕들은 받자와 섬기며 공양하느니라. 불자여, 이것이 보살마하살의 제6 지혜 광명의 창고인 큰 삼매의 교묘한 지혜이니라."

보살이 여섯 번째 지혜 광명의 창고인 큰 삼매에 머물러 열 가지 헛되지 않은 법을 얻으니 열 종류의 왕들이 와서 예배하고, 향기구름을 일으키고, 땅에 엎드려 발에 절하고, 공경하고 공양하는 일이 있음을 밝혔다.

7) 요지일체세계불장엄 了知一切世界佛莊嚴 대삼매

(1) 삼매의 작용

1〉 모든 부처님의 장엄을 보다

불자야 운하위보살마하살의 요지일체세계
佛子야 **云何爲菩薩摩訶薩**의 **了知一切世界**
불장엄삼매오 불자야 차삼매가 하고로 명요지일
佛莊嚴三昧오 **佛子**야 **此三昧**가 **何故**로 **名了知一**
체세계불장엄고
切世界佛莊嚴고

"불자여, 어떤 것을 보살마하살의 일체 세계의 부처님 장엄을 아는 삼매라 하는가. 불자여, 이 삼매를 무슨 연고로 일체 세계의 부처님 장엄을 안다고 이름하는가."

불자야 보살마하살이 주차삼매에 능차제입동
佛子야 **菩薩摩訶薩**이 **住此三昧**에 **能次第入東**
방세계하며 능차제입남방세계하며 서방북방과 사
方世界하며 **能次第入南方世界**하며 **西方北方**과 **四**

유상하   소유세계   실역여시능차제입
維上下의 所有世界도 悉亦如是能次第入하야

"불자여, 보살마하살이 이 삼매에 머물면 능히 차례로 동방 세계에 들어가고, 차례로 남방 세계에 들어가며, 서방과 북방과 네 간방과 상방과 하방에 있는 세계에도 능히 차례로 들어가서,

개견제불   출흥어세   역견피불   일체신
皆見諸佛의 出興於世하며 亦見彼佛의 一切神
력   역견제불   소유유희   역견제불   광대
力하며 亦見諸佛의 所有遊戲하며 亦見諸佛의 廣大
위덕   역견제불   최승자재
威德하며 亦見諸佛의 最勝自在하며

여러 부처님이 세상에 나시는 것을 다 보고, 또한 그 부처님들의 모든 신통한 힘을 보고, 또한 모든 부처님들의 유희를 보고, 또한 부처님들의 광대한 위엄과 공덕을 보고, 또한 부처님들의 가장 수승한 자재하심을 보고,

亦見諸佛의 **大獅子吼**하며 **亦見諸佛**의 **所修諸行**하며 **亦見諸佛**의 **種種莊嚴**하며 **亦見諸佛**의 **神足變化**하며 **亦見諸佛**의 **衆會雲集**하니라

 또한 부처님들의 크게 사자후하심을 보고, 또한 부처님들의 닦으시는 수행을 보고, 또한 부처님들의 가지가지 장엄을 보고, 또한 부처님들의 신통과 변화를 보고, 또한 부처님들의 대중이 구름처럼 모이는 것을 보느니라."

 일곱 번째는 일체 세계의 부처님 장엄을 아는 삼매다. 이 삼매에 들어가면 삼매의 이름과 같이 시방세계에 다 들어가서 모든 부처님의 출현과 일체 신통한 힘과 유희와 위덕과 수승한 자재 등을 다 본다.

2〉 모인 대중들의 장엄을 보다

衆會淸淨과 衆會廣大와 衆會一相과 衆會多相과 衆會處所와 衆會居止와 衆會成熟과 衆會調伏과 衆會威德과 如是一切를 悉皆明見하며

"모인 대중이 청정함과 대중이 광대함과 대중이 한 모양임과 대중이 여러 모양임과 대중이 모인 처소와 대중이 거처함과 대중이 성숙함과 대중이 조복함과 대중의 위엄과 공덕과 이와 같은 것들을 모두 다 분명히 보느니라."

亦見衆會의 其量大小가 等閻浮提하며 亦見衆會가 等四天下하며 亦見衆會가 等小千界하며 亦見衆會가 等中千界하며 亦見衆會가 量等三千大千

세 계
世界하며

 "또 모인 대중의 그 수량의 크고 작음이 염부제와 같음을 보고, 또 대중의 모임이 사천하와 같음을 보고, 또 대중이 소천세계와 같음을 보고, 또 대중이 중천세계와 같음을 보고, 또 대중이 삼천대천세계와 같음을 보고,

역견중회 충만백천억나유타불찰 역견
亦見衆會가 **充滿百千億那由他佛刹**하며 **亦見**

중회 충만아승지불찰 역견중회 충만백
衆會가 **充滿阿僧祇佛刹**하며 **亦見衆會**가 **充滿百**

불찰미진수불찰 역견중회 충만천불찰미
佛刹微塵數佛刹하며 **亦見衆會**가 **充滿千佛刹微**

진수불찰
塵數佛刹하며

 또 대중이 백천억 나유타 부처님 세계에 가득함을 보고, 또 대중이 아승지 부처님 세계에 가득함을 보고, 또 대중이 백 세계의 작은 먼지 수 같은 부처님 세계에

가득함을 보고, 또 대중이 천 세계의 작은 먼지 수 같은 부처님 세계에 가득함을 보고,

亦見衆會가 充滿百千億那由他佛刹微塵數
_{역견중회 충만백천억나유타불찰미진수}

佛刹하며 亦見衆會가 充滿無數佛刹微塵數佛刹
_{불찰 역견중회 충만무수불찰미진수불찰}

하며 亦見衆會가 充滿無量佛刹微塵數佛刹하며 亦
_{역견중회 충만무량불찰미진수불찰 역}

見衆會가 充滿無邊佛刹微塵數佛刹하며
_{견중회 충만무변불찰미진수불찰}

또 대중이 백천억 나유타 세계의 작은 먼지 수 같은 부처님 세계에 가득함을 보고, 또 대중이 수없는 세계의 작은 먼지 수 같은 부처님 세계에 가득함을 보고, 또 대중이 한량없는 세계의 작은 먼지 수 같은 부처님 세계에 가득함을 보고, 또 대중이 그지없는 세계의 작은 먼지 수 같은 부처님 세계에 가득함을 보고,

亦見衆會가 充滿無等佛刹微塵數佛刹하며 亦
見衆會가 充滿不可數佛刹微塵數佛刹하며 亦見
衆會가 充滿不可稱佛刹微塵數佛刹하며 亦見衆
會가 充滿不可思佛刹微塵數佛刹하며

또 대중이 같을 이 없는 세계의 작은 먼지 수 같은 부처님 세계에 가득함을 보고, 또 대중이 셀 수 없는 세계의 작은 먼지 수 같은 부처님 세계에 가득함을 보고, 또 대중이 일컬을 수 없는 세계의 작은 먼지 수 같은 부처님 세계에 가득함을 보고, 또 대중이 생각할 수 없는 세계의 작은 먼지 수 같은 부처님 세계에 가득함을 보고,

亦見衆會가 充滿不可量佛刹微塵數佛刹하며
亦見衆會가 充滿不可說佛刹微塵數佛刹하며 亦

見_견衆_중會_회가 充_충滿_만不_불可_가說_설不_불可_가說_설佛_불刹_찰微_미塵_진數_수佛_불刹_찰하며

또 대중이 헤아릴 수 없는 세계의 작은 먼지 수 같은 부처님 세계에 가득함을 보고, 또 대중이 말할 수 없는 세계의 작은 먼지 수 같은 부처님 세계에 가득함을 보고, 또 대중이 말할 수 없이 말할 수 없는 세계의 작은 먼지 수 같은 부처님 세계에 가득함을 보고,

亦_역見_견諸_제佛_불이 於_어彼_피衆_중會_회道_도場_량中_중에 示_시現_현種_종種_종相_상과

種_종種_종時_시와 種_종種_종國_국土_토와 種_종種_종變_변化_화와 種_종種_종神_신通_통과 種_종種_종莊_장嚴_엄과 種_종種_종自_자在_재와 種_종種_종形_형量_량과 種_종種_종事_사業_업하니라

또 모든 부처님이 저 대중들이 모인 도량에서 나타내시는 갖가지 모양과 갖가지 시간과 갖가지 국토와 갖가지 변화와 갖가지 신통과 갖가지 장엄과 갖가지 자재와 갖가지 형상과 갖가지 하시는 일을 보느니라."

보살이 일체 세계의 부처님 장엄을 아는 삼매에 머물면 모인 대중들의 온갖 장엄을 다 봄을 밝혔다.

3〉 자신의 모든 행을 다 보다

菩薩摩訶薩_{보살마하살}이 亦見自身_{역견자신}이 往彼衆會_{왕피중회}하며 亦自見身_{역자견신}이 在彼說法_{재피설법}하며 亦自見身_{역자견신}이 受持佛語_{수지불어}하며 亦自見身_{역자견신}이 善知緣起_{선지연기}하며 亦自見身_{역자견신}이 住在虛空_{주재허공}하며

"보살마하살이 또 자신이 저 대중의 모임에 가는 것을 보며, 또 자기의 몸이 저기 있어서 법문 설함을 스스로 보며, 또 자기의 몸이 부처님 말씀을 받아 지님을 스스로 보며, 또 자기의 몸이 연기緣起를 잘 아는 것을 스스로 보며, 또 자기의 몸이 허공에 있음을 스스로 보며,

亦自見身_{역자견신}이 住於法身_{주어법신}하며 亦自見身_{역자견신}이 不生染_{불생염}

着하며 亦自見身이 不住分別하며 亦自見身이 無有
疲倦하며 亦自見身이 普入諸智하며

또 자기의 몸이 법신에 머물렀음을 스스로 보며, 또 자기의 몸이 물들어 집착함을 내지 아니함을 스스로 보며, 또 자기의 몸이 분별에 머물지 않음을 스스로 보며, 또 자기의 몸이 고달프지 아니함을 스스로 보며, 또 자기의 몸이 널리 모든 지혜에 들어감을 스스로 보며,

亦自見身이 普知諸義하며 亦自見身이 普入諸
地하며 亦自見身이 普入諸趣하며 亦自見身이 普知
方便하며 亦自見身이 普住佛前하며

또 자기의 몸이 모든 이치를 두루 앎을 스스로 보며, 또 자기의 몸이 모든 지위에 널리 들어감을 스스로 보며, 또 자기의 몸이 여러 갈래에 두루 들어감을 스스로

보며, 또 자기의 몸이 여러 방편을 널리 아는 것을 스스로 보며, 또 자기의 몸이 부처님 앞에 널리 있음을 스스로 보며,

亦自見身이 **普入諸力**하며 **亦自見身**이 **普入眞如**하며 **亦自見身**이 **普入無諍**하며 **亦自見身**이 **普入諸法**이니라

또 자기의 몸이 여러 가지 힘에 널리 들어감을 스스로 보며, 또 자기의 몸이 진여眞如에 널리 들어감을 스스로 보며, 또 자기의 몸이 다툼이 없는 데 널리 들어감을 스스로 보며, 또 자기의 몸이 모든 법에 널리 들어감을 스스로 보느니라."

또 보살이 일체 세계의 부처님 장엄을 아는 삼매에 머물면 자신의 모든 행을 스스로 다 보게 됨을 밝혔다.

여 시 견 시　　불 분 별 국 토　　　불 분 별 중 생
如是見時에 **不分別國土**하며 **不分別衆生**하며

불 분 별 불　　불 분 별 법　　부 집 착 신　　부 집 착
不分別佛하며 **不分別法**하며 **不執着身**하며 **不執着**

신 업　　부 집 착 심　　부 집 착 의
身業하며 **不執着心**하며 **不執着意**하며

"이와 같이 볼 때에 국토를 분별하지도 않고, 중생을 분별하지도 않고, 부처님을 분별하지도 않고, 법을 분별하지도 않고, 몸에 집착하지도 않고, 몸으로 짓는 업에 집착하지도 않고, 마음에 집착하지도 않고, 뜻에 집착하지도 않느니라."

비 여 제 법　　불 분 별 자 성　　　불 분 별 음 성
譬如諸法이 **不分別自性**하며 **不分別音聲**호대

이 자 성 불 사　　명 자 불 멸　　　보 살 마 하 살
而自性不捨하며 **名字不滅**인달하야 **菩薩摩訶薩**도

역 부 여 시　　불 사 어 행　　수 세 소 작　　이 어 차
亦復如是하야 **不捨於行**하고 **隨世所作**호대 **而於此**

이 무소집착
二에 **無所執着**이니라

"비유컨대 마치 모든 법이 제 성품을 분별하지 않고 음성을 분별하지도 않지마는 제 성품을 버리지도 않고 이름과 글자를 소멸하지 않는 것과 같이, 보살마하살도 또한 그와 같아서 행을 버리지 않고 세상을 따라 짓지마는 이 두 가지에 집착함이 없느니라."

보살이 일체 세계의 부처님 장엄을 아는 삼매에 머물러 스스로 자신의 몸이 온갖 법에 다 들어감을 보더라도 분별하거나 차별하지 않고 또한 집착하지도 않음을 밝혔다. 그리고 다시 모든 법이 스스로의 성품을 분별하지 아니하면서 스스로의 성품을 버리지 아니함을 비유하여 밝혔다.

4) 부처님의 갖가지 모습을 다 보다

불자 보살마하살 견불무량광색   무량형
佛子야 **菩薩摩訶薩**이 **見佛無量光色**과 **無量形**

相과 圓滿成就와 平等淸淨호대 一一現前하야 分明 證了하며

"불자여, 보살마하살이 부처님의 한량없는 빛과 한량없는 형상과 원만하게 성취함과 평등하고 청정함을 보는데 낱낱이 앞에 나타나서 분명하게 깨달아 아느니라."

或見佛身의 種種光明하며 或見佛身의 圓光一尋하며 或見佛身이 如盛日色하며 或見佛身의 微妙光色하며 或見佛身이 作淸淨色하며

"혹은 부처님 몸의 갖가지 광명을 보고, 혹은 부처님 몸의 둥근 광명이 한 길인 것을 보고, 혹은 부처님 몸이 치성한 햇빛 같음을 보고, 혹은 부처님 몸이 미묘한 빛

임을 보고, 혹은 부처님 몸이 청정한 빛임을 보고,

或見佛身이 作黃金色하며 或見佛身이 作金剛色하며 或見佛身이 作紺靑色하며 或見佛身이 作無邊色하며 或見佛身이 作大靑摩尼寶色하며

"혹은 부처님 몸이 황금 빛임을 보고, 혹은 부처님 몸이 금강 빛임을 보고, 혹은 부처님 몸이 감청 빛[紺靑色]임을 보고, 혹은 부처님 몸이 그지없는 빛임을 보고, 혹은 부처님 몸이 크고 푸른 마니보배 빛임을 보느니라."

或見佛身이 其量七肘하며 或見佛身이 其量八肘하며 或見佛身이 其量九肘하며 或見佛身이 其量

십주　　　혹견불신　　이십주량
十肘하며 **或見佛身**이 **二十肘量**하며

"혹은 부처님의 키가 일곱 침척針尺임을 보고, 혹은 부처님의 키가 여덟 침척임을 보고, 혹은 부처님의 키가 아홉 침척임을 보고, 혹은 부처님의 키가 열 침척임을 보고, 혹은 부처님의 키가 이십 침척임을 보고,

　　　　　혹견불신　　삼십주량　　여시내지일백주량
或見佛身의 **三十肘量**과 **如是乃至一百肘量**과

일천주량　　　혹견불신　　일구로사량　　　혹견불
一千肘量하며 **或見佛身**의 **一俱盧舍量**하며 **或見佛**

신　　반유순량　　　혹견불신　　일유순량　　　혹견
身의 **半由旬量**하며 **或見佛身**의 **一由旬量**하며 **或見**

불신　　십유순량
佛身의 **十由旬量**하며

혹은 부처님의 키가 삼십 침척임을 보기도 하고, 이와 같이 내지 일백 침척임과 일천 침척임을 보기도 하며, 혹은 부처님의 몸이 한 구로사俱盧舍가 됨을 보고, 혹은 부처님의 몸이 반 유순이 됨을 보고, 혹은 부처님

의 몸이 한 유순이 됨을 보고, 혹은 부처님의 몸이 열 유순이 됨을 보고,

或見佛身의 百由旬量하며 或見佛身의 千由旬量하며 或見佛身의 百千由旬量하며 或見佛身의 閻浮提量하며 或見佛身의 四天下量하며

혹은 부처님의 몸이 백 유순이 됨을 보고, 혹은 부처님의 몸이 천 유순이 됨을 보고, 혹은 부처님의 몸이 백천 유순이 됨을 보고, 혹은 부처님의 몸이 염부제와 같음을 보고, 혹은 부처님의 몸이 사천하와 같음을 보느니라."

或見佛身의 小千界量하며 或見佛身의 中千界

량   혹견불신   대천계량   혹견불신   백대
量하며 **或見佛身**의 **大千界量**하며 **或見佛身**의 **百大**

천세계량   혹견불신 천대천세계량   혹견
千世界量하며 **或見佛身**의 **千大千世界量**하며 **或見**

불신   백천대천세계량
佛身의 **百千大千世界量**하며

"혹은 부처님의 몸이 소천세계만 함을 보고, 혹은 부처님의 몸이 중천세계만 함을 보고, 혹은 부처님의 몸이 대천세계만 함을 보고, 혹은 부처님의 몸이 백 대천세계만 함을 보고, 혹은 부처님의 몸이 천 대천세계만 함을 보고, 혹은 부처님의 몸이 백천 대천세계만 함을 보고,

     혹견불신   백천억나유타대천세계량   혹
或見佛身의 **百千億那由他大千世界量**하며 **或**

견불신   무수대천세계량   혹견불신   무량
見佛身의 **無數大千世界量**하며 **或見佛身**의 **無量**

대천세계량   혹견불신 무변대천세계량
大千世界量하며 **或見佛身**의 **無邊大千世界量**하며

혹견불신　무등대천세계량
或見佛身의 **無等大千世界量**하며

　혹은 부처님의 몸이 백천억 나유타 대천세계만 함을 보고, 혹은 부처님의 몸이 수없는 대천세계만 함을 보고, 혹은 부처님의 몸이 한량없는 대천세계만 함을 보고, 혹은 부처님의 몸이 그지없는 대천세계만 함을 보고, 혹은 부처님의 몸이 같을 이 없는 대천세계만 함을 보고,

　　혹견불신　　불가수대천세계량　　혹견불신
或見佛身의 **不可數大千世界量**하며 **或見佛身**

　불가칭대천세계량　　혹견불신　　불가사대
의 **不可稱大千世界量**하며 **或見佛身**의 **不可思大**

천세계량　　혹견불신　　불가량대천세계량
千世界量하며 **或見佛身**의 **不可量大千世界量**하며

　혹견불신　　불가설대천세계량　　혹견불신
或見佛身의 **不可說大千世界量**하며 **或見佛身**의

　불가설불가설대천세계량
不可說不可說大千世界量하나니라

혹은 부처님의 몸이 셀 수 없는 대천세계만 함을 보고, 혹은 부처님의 몸이 일컬을 수 없는 대천세계만 함을 보고, 혹은 부처님의 몸이 생각할 수 없는 대천세계만 함을 보고, 혹은 부처님의 몸이 헤아릴 수 없는 대천세계만 함을 보고, 혹은 부처님의 몸이 말할 수 없는 대천세계만 함을 보고, 혹은 부처님의 몸이 말할 수 없이 말할 수 없는 대천세계만 함을 보느니라."

佛子야 菩薩이 如是見諸如來의 無量色相과 無量形狀과 無量示現과 無量光明과 無量光明網에 其光分量이 等於法界하야 於法界中에 無所不照하야 普令發起無上智慧하며 又見佛身이 無有染着하고 無有障礙하야 上妙淸淨이니라

"불자여, 보살이 이와 같이 모든 여래의 한량없는 빛

깔과, 한량없는 형상과, 한량없는 나타냄과, 한량없는 광명과, 한량없는 광명그물을 보나니, 그 광명의 분량이 법계와 같아서 법계 안에서 비추지 않는 데가 없으며, 여럿으로 하여금 위없는 지혜를 내게 하며, 또 부처님의 몸에는 물드는 일이 없고, 장애가 없고, 가장 기묘하고 청정함을 보느니라."

보살이 일체 세계의 부처님 장엄을 아는 삼매에 머물러 부처님의 갖가지 모습을 다 봄을 낱낱이 밝혔다.

5) 세 가지 비유

佛子야 菩薩이 如是見於佛身호대 而如來身은
불자   보살 여시견어불신   이여래신

不增不減이니 譬如虛空이 於蟲所食芥子孔中에도
부증불감   비여허공   어충소식개자공중

亦不減小며 於無數世界中에도 亦不增廣인달하야
역불감소   어무수세계중   역부증광

其諸佛身도 亦復如是하야 見大之時에도 亦無所
기제불신   역부여시   견대지시   역무소

증이며 見小之時에도 亦無所減이니라

"불자여, 보살이 이와 같이 부처님의 몸을 보지마는 여래의 몸은 커지지도 않고 작아지지도 않느니라. 비유하면 마치 허공이 벌레가 먹은 겨자씨 구멍에서도 작아지지 아니하고 수없는 세계에서도 또한 커지지 아니하듯이, 모든 부처님 몸도 또한 그와 같아서 크게 볼 적에도 커지지 아니하고 작게 볼 적에도 작아지지 아니하느니라."

부처님의 몸은 언제나 부증불감한다는 것을 비유로써 밝혔다. 부처님의 몸만 그런 것이 아니다. 모든 존재가 본래로 그 근본은 텅 비어 공적한 모양이므로 불생불멸하며 불구부정하며 부증불감하는 것이다. 부처님의 몸도 모든 존재에 해당하므로 일체 존재의 부증불감하는 원리에서 벗어날 수 없다. 세 가지 비유 중에 첫 번째로 허공이 벌레가 먹은 겨자씨 구멍에서도 작아지지 아니하고 수없는 세계에서도 또한 커지지 아니하는 것과 같다고 하였다.

佛子야 譬如月輪을 閻浮提人이 見其形小호대
而亦不減이며 月中住者가 見其形大호대 而亦不增
인달하야 菩薩摩訶薩도 亦復如是하야 住此三昧에 隨
其心樂하야 見諸佛身의 種種化相하며 言辭演法을
受持不忘호대 而如來身은 不增不減이니라

"불자여, 비유하면 마치 달을 염부제 사람들이 작게 본다고 해서 작아지지 않고, 달 가운데 있는 이들이 크게 본다고 해서 커지지도 않나니, 보살마하살도 또한 그와 같아서 이 삼매에 머물면 그 마음을 따라서 모든 부처님 몸이 갖가지로 변화하는 모양을 보고 법문을 연설하는 말씀을 받아 지니어 잊지 않지마는 여래의 몸은 커지지도 않고 작아지지도 않느니라."

다시 또 달을 가까이에서 크게 보든 멀리서 작게 보든 그 크기는 변함이 없듯이 부처님의 몸도 삼매에 머물러 각자의 마음을 따라 어떤 모습으로 보든 언제나 불생불멸하며, 불구부정하며, 부증불감한다는 것을 비유하였다.

_{불자} _{비여중생} _{명종지후장수생시} _{불리}
佛子야 **譬如衆生**이 **命終之後將受生時**에 **不離**
_{어심} _{소견청정} _{보살마하살} _{역부여시}
於心의 **所見淸淨**인달하야 **菩薩摩訶薩**도 **亦復如是**
_{불리어차심심삼매} _{소견청정}
하야 **不離於此甚深三昧**의 **所見淸淨**이니라

"불자여, 비유하면 마치 중생이 목숨을 마친 뒤에 장차 태어나려 할 적에 마음을 여의지 않고 보는 바가 청정하듯이 보살마하살도 또한 그와 같아서 이 깊고 깊은 삼매를 여의지 아니하고 보는 바가 청정하니라."

사람이 목숨을 마치면 다시 태어남을 받게 된다. 비록 흙과 물과 불과 바람의 기운이라는 네 가지 요소로 된 육신은 흩어지고 말지만 다시 태어날 때 마음은 다시 태어나는 육신을 떠나지 않는다. 이와 같이 태어나서 다시 또 죽고, 죽고 나서는 다시 또 태어나는 것이 유유悠悠하여 끝나지 않는다. 어떤 이가 스스로 다시는 태어나고 싶지 않다 하더라도 그것은 일체 만물의 존재 원리이기 때문에 피할 수 없는 이치다. 사람뿐만 아니라 모든 존재가 진화하고 쇠퇴하면서 천변만화하지만 그 생명의 실체는 영원히 계속된다. 깊고 깊은 삼매에 머문 보살은 그와 같은 사실을 환하게 다 본다.

(2) 삼매의 이익

1〉열 가지 빠른 법의 성취

佛子야 菩薩摩訶薩이 住此三昧에 成就十種速
불자 보살마하살 주차삼매 성취십종속

疾法하나니 何者가 爲十고 所謂速增諸行하야 圓滿
질법   하자 위십   소위속증제행   원만

大願하며 速以法光으로 照耀世間하며 速以方便으로
대원   속이법광   조요세간   속이방편

轉於法輪하야 度脫衆生하며 速隨衆生業하야 示現
전어법륜   도탈중생   속수중생업   시현

제불청정국토   속이평등지   취입십력
諸佛清淨國土하며 **速以平等智**로 **趣入十力**하며

"불자여, 보살마하살이 이 삼매에 머물고는 열 가지 빠른 법을 성취하나니, 무엇이 열인가. 이른바 모든 행行을 빨리 더하여 큰 서원을 원만히 하고, 빠르게 법의 광명으로 세간을 비추고, 빠르게 방편으로 법륜을 굴리어 중생을 제도하고, 빠르게 중생의 업業을 따라서 모든 부처님의 청정한 국토를 나타내고, 빠르게 평등한 지혜로 열 가지 힘에 나아가고,

  속여일체여래   동주   속이대자력   최
速與一切如來로 **同住**하며 **速以大慈力**으로 **摧**

파마군   속단중생의   영생환희   속수승
破魔軍하며 **速斷衆生疑**하야 **令生歡喜**하며 **速隨勝**

해   시현신변   속이종종묘법언사   정제
解하야 **示現神變**하며 **速以種種妙法言辭**로 **淨諸**

세간
世間이니라

빨리 모든 여래와 더불어 같이 있고, 빨리 크게 인자

한 힘으로 마군을 깨뜨리고, 빨리 중생의 의심을 끊어 기쁨을 내게 하고, 빨리 수승한 이해를 따라 신통 변화를 보이고, 빨리 갖가지 묘한 법과 말로써 모든 세상을 청정하게 함이니라."

보살이 일체 세계 부처님의 장엄을 아는 큰 삼매에 머물면 각종 이익이 있음을 밝혔다. 먼저 열 가지 빠른 법을 성취한다. 모든 행行을 빨리 더하여 큰 서원을 원만히 하고, 빠르게 법의 광명으로 세간을 비추고, 빠르게 방편으로 법륜을 굴리어 중생을 제도하는 것 등이다.

2) 열 가지 법인法印으로 모든 법을 인가하다

佛子야 此菩薩摩訶薩이 復得十種法印하야 印
一切法하나니 何等이 爲十고 一者는 同去來今一切
諸佛平等善根이요 二者는 同諸如來得無邊際智

혜 법 신　　　삼 자　　동 제 여 래 주 불 이 법
慧法身이요 **三者**는 **同諸如來住不二法**이요

"불자여, 이 보살마하살이 다시 열 가지의 법인法印을 얻어서 모든 법을 인가印可하느니라. 무엇이 열인가. 하나는 과거 미래 현재의 모든 부처님과 착한 뿌리가 평등하고, 둘은 모든 여래와 같이 그지없는 지혜인 법신法身을 얻고, 셋은 모든 여래와 같이 둘이 아닌 법에 머물고,

사 자　　동 제 여 래 관 찰 삼 세 무 량 경 계　　개 실
四者는 **同諸如來觀察三世無量境界**가 **皆悉**

평 등　　오 자　　동 제 여 래 득 요 달 법 계 무 애 경 계
平等이요 **五者**는 **同諸如來得了達法界無礙境界**

육 자　　동 제 여 래 성 취 십 력　　소 행 무 애
요 **六者**는 **同諸如來成就十力**하야 **所行無礙**요

넷은 모든 여래와 같이 세 세상의 한량없는 경계가 모두 평등함을 관찰하고, 다섯은 모든 여래와 같이 법계를 통달하여 걸림이 없는 경계를 얻고, 여섯은 모든 여래와 같이 열 가지 힘을 성취하여 다니는 데 걸림이 없고,

칠자   동제여래영절이행   주무쟁법
七者는 **同諸如來永絶二行**하야 **住無諍法**이요

팔자   동제여래교화중생   항부지식   구자
八者는 **同諸如來敎化衆生**하야 **恒不止息**이요 **九者**

   동제여래어지선교의선교중   능선관찰
는 **同諸如來於智善巧義善巧中**에 **能善觀察**이요

십자   동제여래여일체불   평등무이
十者는 **同諸如來與一切佛**로 **平等無二**니라

　일곱은 모든 여래와 같이 두 가지의 행을 아주 끊고 다툼이 없는 법에 머물고, 여덟은 모든 여래와 같이 중생을 교화하여 항상 쉬지 아니하고, 아홉은 모든 여래와 같이 교묘한 지혜와 교묘한 이치를 잘 관찰하고, 열은 모든 여래와 같이 온갖 부처님과 평등하여 둘이 없느니라."

　보살이 이 일체 세계 부처님의 장엄을 아는 큰 삼매에 머물러 얻는 이익 가운데 두 번째 열 가지 법인法印으로 모든 법을 인가하는 이익을 밝혔다.

3) 열 가지 수승한 덕인德人이 되다

佛子야 若菩薩摩訶薩이 成就此了知一切世
界佛莊嚴大三昧善巧方便門하면 是無師者니 不
由他敎하고 自入一切佛法故며 是丈夫者니 能開
悟一切衆生故며 是淸淨者니 知心性本淨故며

"불자여, 만일 보살마하살이 이 일체 세계의 부처님 장엄을 아는 큰 삼매의 교묘한 방편문을 성취하면 이는 스승이 없는 이니 남의 가르침을 받지 않고도 스스로 모든 부처님 법에 들어간 연고요, 이는 대장부이니 능히 일체 중생을 깨우치는 연고요, 이는 청정한 이니 마음의 성품이 본래 청정함을 아는 연고요,

是第一者니 能度脫一切世間故며 是安慰者니

능개효일체중생고   시안주자   미주불종성
能開曉一切衆生故며 **是安住者**니 **未住佛種性**
자 영득주고   시진실지자   입일체지문고
者로 **令得住故**며 **是眞實知者**니 **入一切智門故**며

　이는 제일가는 이니 모든 세간을 건지어 해탈케 하는 연고요, 이는 편안하게 위로하는 이니 일체 중생을 알도록 일러 주는 연고요, 이는 편안히 머무는 이니 부처님의 종성種性에 머물지 못한 이를 머물게 하는 연고요, 이는 진실하게 아는 이니 온갖 지혜의 문에 들어간 연고요,

　　　시무이상자   소언무이고   시주법장자   서
　　　是無異想者니 **所言無二故**며 **是住法藏者**니 **誓**
원요지일체불법고   시능우법우자   수중생심
願了知一切佛法故며 **是能雨法雨者**니 **隨衆生心**
락   실령충족고
樂하야 **悉令充足故**니라

　이는 다른 생각이 없는 이니 말하는 것이 둘이 없는 연고요, 이는 법장法藏에 머무는 이니 온갖 부처님

법 알기를 서원하는 연고요, 이는 법의 비를 내리는 이니 중생의 좋아함을 따라 모두 만족케 하는 연고이 니라."

보살이 이 일체 세계의 부처님 장엄을 아는 큰 삼매의 교묘한 방편문을 성취하면 열 가지 수승한 덕인德人이 됨을 낱낱이 밝혔다. 이제 더 이상 다른 스승의 가르침을 필요로 하지 않는 사람이 된다. 또 진리의 대장부, 영혼의 대장부, 참 마음의 대장부가 되어 일체 중생을 깨우친다. 또 이 보살은 사람 사람의 본래의 마음은 청정하여 아무런 때가 없음을 잘 아는 진정으로 청정한 사람이 된다. 이와 같은 등의 열 가지 수승한 덕인德人이 되는 것을 밝혔다.

4) 열 가지 지혜 얻음을 비유하다

佛子야 譬如帝釋이 於頂髻中에 置摩尼寶하면

以寶力故로 威光轉盛이라 其釋天王이 初獲此寶에

즉 득 십 법　　출 과 일 체 삼 십 삼 천
則得十法하야 **出過一切三十三天**하나니

"불자여, 비유하면 제석천왕이 머리에 마니보배를 꽂으면 그 보배의 힘으로 위엄스러운 빛이 더욱 성盛하느니라. 그 제석천왕이 처음 이 보배를 가지면 열 가지의 법을 얻어 모든 삼십삼천보다 뛰어나니라."

　　　　하등　　위십　　일자　　색상　　　이자　　형체
　　　　何等이 **爲十**고 **一者**는 **色相**이요 **二者**는 **形體**요

삼자　시현　　사자　권속　　오자　자구　육
三者는 **示現**이요 **四者**는 **眷屬**이요 **五者**는 **資具**요 **六**

자　음성　　칠자　신통　　팔자　자재　구자
者는 **音聲**이요 **七者**는 **神通**이요 **八者**는 **自在**요 **九者**는

혜해　　십자　지용　　　여시십종　실과일체삼
慧解요 **十者**는 **智用**이라 **如是十種**이 **悉過一切三**

십삼천
十三天인달하니라

"무엇이 열인가. 하나는 몸매요, 둘은 형체요, 셋은 나타남이요, 넷은 권속이요, 다섯은 사용하는 도구요,

여섯은 음성이요, 일곱은 신통이요, 여덟은 자재함이요, 아홉은 지혜로 이해함이요, 열은 지혜의 작용이니, 이러한 열 가지가 모든 삼십삼천보다 뛰어나니라."

아래의 경문에서 밝히는 열 가지 광대한 지혜 얻음을 제석천왕이 머리에 마니보배를 꽂으면 그 보배의 힘으로 위엄스러운 빛이 더욱 성盛하는 것에 비유하였다.

삼십삼천三十三天은 욕계 6천의 제2천이다. 달리야달리사천怛唎耶怛唎奢天 또는 다라야등릉사천多羅夜登陵舍天이라고도 쓰며 33천이라 번역한다. 남섬부주南瞻部洲 위 8만 유순 되는 수미산 꼭대기에 있다. 중앙에 선견성善見城이라는 4면이 8만 유순씩 되는 큰 성이 있고, 이 성 안에 제석천帝釋天이 있고, 사방에는 각기 8성이 있는데 그 권속 되는 하늘사람들이 살고 있다고 한다. 사방 8성인 32성에 선견성을 더하여 33이 된다. 이 33천은 반달의 3재일齋日마다 성 밖에 있는 선법당善法堂에 모여서 법답고 법답지 못한 일을 평론한다는 것이다. 이 하늘의 중생들은 음욕을 행할 때에는 변하여 인간과 같이 되지만, 다만 풍기風氣를 누설하기만 하면 열뇌熱惱

가 없어진다고 한다. 키는 1유순, 옷의 무게는 6수銖, 목숨은 1천 세이다. 그 하늘의 1주야는 인간의 100년이고, 처음 태어났을 때는 인간의 6세 되는 아이와 같으며, 빛깔이 원만하고 저절로 의복이 입혀진다고 한다. 부처님이 일찍이 하늘에 올라가서 어머니 마야부인을 위하여 석 달 동안 설법하고, 3도道의 보계寶階를 타고 승가시국으로 내려왔다고 전한다.

5) 열 가지 광대한 지혜를 얻다

보살 마 하 살 역 부 여 시 초 시 획 득 차 삼 매
菩薩摩訶薩도 亦復如是하야 初始獲得此三昧

시 즉 득 십 종 광 대 지 장 하 등 위 십 일 자
時에 則得十種廣大智藏하나니 何等이 爲十고 一者는

조 요 일 체 불 찰 지 이 자 지 일 체 중 생 수 생 지
照耀一切佛刹智요 二者는 知一切衆生受生智요

삼 자 보 작 삼 세 변 화 지 사 자 보 입 일 체 불 신
三者는 普作三世變化智요 四者는 普入一切佛身

지　　오자　　통달일체불법지
智요 五者는 通達一切佛法智요

"보살마하살도 또한 그와 같아서 이 삼매를 처음 얻었을 때에 열 가지 광대한 지혜 장藏을 얻느니라. 무엇이 열인가. 하나는 모든 부처님 세계를 비추는 지혜요, 둘은 일체 중생의 태어남을 아는 지혜요, 셋은 세 세상의 변화를 두루 짓는 지혜요, 넷은 온갖 부처님 몸에 두루 들어가는 지혜요, 다섯은 모든 부처님 법을 통달하는 지혜요,

　　육자　　보섭일체정법지　　칠자　　보령일체
六者는 普攝一切淨法智요 七者는 普令一切

중생　　입법신지　　팔자　　현견일체법보안청
衆生으로 入法身智요 八者는 現見一切法普眼淸

정지　　구자　　일체자재　　도어피안지　　십자
淨智요 九者는 一切自在하야 到於彼岸智요 十者는

안주일체광대법　　보진무여지
安住一切廣大法하야 普盡無餘智니라

여섯은 모든 청정한 법을 널리 포섭하는 지혜요, 일

곱은 일체 중생을 법신에 들어가게 하는 지혜요, 여덟은 모든 법을 보는 넓은 눈이 청정한 지혜요, 아홉은 모든 일에 자재自在하여 저 언덕에 이르는 지혜요, 열은 일체 광대한 법에 머물러서 모두 다하고 남음이 없는 지혜이니라."

보살이 이 일체 세계의 부처님 장엄을 아는 큰 삼매의 교묘한 방편문을 성취하면 열 가지 광대한 지혜를 얻는데 그 열 가지 광대한 지혜를 앞에서는 비유로써 밝히고 뒤에는 법을 들었다. 모든 부처님 세계를 비추는 지혜고, 일체 중생의 태어남을 아는 지혜고, 세 세상의 변화를 두루 짓는 지혜 등이다.

6) 열 가지 청정 위덕의 몸을 얻다

불자 보살 마하 살 주차 삼매 부득 십 종 최
佛子야 菩薩摩訶薩이 住此三昧에 復得十種最

청정 위 덕 신 하 등 위 십 일 자 위 조 요 불
淸淨威德身하나니 何等이 爲十고 一者는 爲照耀不

가설불가설세계고 방불가설불가설광명륜
可說不可說世界故로 放不可說不可說光明輪이요

이자 위령세계 함청정고 방불가설불가설
二者는 爲令世界로 咸淸淨故로 放不可說不可說

무량색상광명륜 삼자 위조복중생고 방
無量色相光明輪이요 三者는 爲調伏衆生故로 放

불가설불가설광명륜
不可說不可說光明輪이요

"불자여, 보살마하살이 이 삼매에 머물고는 다시 열 가지의 가장 청정하고 위덕 있는 몸을 얻느니라. 무엇이 열인가. 하나는 말할 수 없이 말할 수 없는 세계를 비추기 위하여 말할 수 없이 말할 수 없는 광명바퀴를 놓음이요, 둘은 세계를 다 청정케 하기 위하여 말할 수 없이 말할 수 없는 한량없는 빛깔 광명바퀴를 놓음이요, 셋은 중생을 조복시키기 위하여 말할 수 없이 말할 수 없는 광명바퀴를 놓음이니라."

사자 위친근일체제불고 화작불가설불
四者는 爲親近一切諸佛故로 化作不可說不

可說身이요 五者는 爲承事供養一切諸佛故로 雨
不可說不可說種種殊妙香華雲이요 六者는 爲承
事供養一切佛하며 及調伏一切衆生故로 於一一
毛孔中에 化作不可說不可說種種音樂이요

"넷은 모든 부처님을 친근하기 위하여 말할 수 없이 말할 수 없는 몸을 변하여 냄이요, 다섯은 모든 부처님을 받들어 섬기고 공양하기 위하여 말할 수 없이 말할 수 없는 갖가지 훌륭한 향과 꽃구름을 내림이요, 여섯은 모든 부처님을 섬기며 공양하고 일체 중생을 조복하기 위하여 낱낱 모공毛孔으로 말할 수 없이 말할 수 없는 갖가지 음악을 변화하여 연주함이니라."

七者는 爲成熟衆生故로 現不可說不可說種

種無量自在神變이요 八者는 爲於十方種種名號
一切佛所에 請問法故로 一步超過不可說不可說
世界요

 "일곱은 중생을 성숙시키기 위하여 말할 수 없이 말할 수 없는 가지가지 한량없는 자유로운 신통과 변화를 나타냄이요, 여덟은 시방의 가지가지 명호를 가진 모든 부처님 계신 데서 법을 묻기 위하여 한 걸음에 말할 수 없이 말할 수 없는 세계를 뛰어넘음이니라."

九者는 爲令一切衆生見聞之者로 皆不空故로
現不可說不可說種種無量淸淨色相身無能見
頂이요 十者는 爲與衆生으로 開示無量秘密法故로

발 불 가 설 불 가 설 음 성 어 언
發不可說不可說音聲語言이니라

"아홉은 일체 중생의 보고 듣는 이로 하여금 헛되지 않게 하기 위하여 말할 수 없이 말할 수 없는 가지가지 한량없는 청정한 몸매를 가지고 정수리를 볼 수 없는 몸을 나타내고, 열은 중생에게 한량없는 비밀한 법을 보여 주기 위하여 말할 수 없이 말할 수 없는 음성과 말을 내느니라."

보살이 이 일체 세계의 부처님 장엄을 아는 큰 삼매에 머물고는 다시 열 가지의 가장 청정하고 위덕 있는 몸을 얻음을 밝혔다. 이와 같이 참다운 선정은 지혜를 드러낼 뿐만 아니라 온갖 청정하고 위덕이 넘치는 몸을 얻게 한다.

7) 중생들에게 열 가지 원만함을 얻게 하다

불 자   보 살 마 하 살   득 차 십 종 최 청 정 위 덕
佛子야 **菩薩摩訶薩**이 **得此十種最淸淨威德**

身已에 能^능令^령衆^중生^생으로 得^득十^십種^종圓^원滿^만하나니 何^하等^등이 爲^위十^십고 一^일者^자는 能^능令^령衆^중生^생으로 得^득見^견於^어佛^불이요 二^이者^자는 能^능令^령衆^중生^생으로 深^심信^신於^어佛^불이요 三^삼者^자는 能^능令^령衆^중生^생으로 聽^청聞^문於^어法^법이요 四^사者^자는 能^능令^령衆^중生^생으로 知^지有^유佛^불世^세界^계요

"불자여, 보살마하살이 열 가지의 청정하고 위덕 있는 몸을 얻고는 중생들로 하여금 열 가지의 원만함을 얻게 하느니라. 무엇이 열인가. 하나는 중생으로 하여금 부처님을 보게 함이요, 둘은 중생으로 하여금 부처님을 깊이 믿게 함이요, 셋은 중생으로 하여금 법을 듣게 함이요, 넷은 중생으로 하여금 부처님 세계가 있음을 알게 함이요,

五^오者^자는 能^능令^령衆^중生^생으로 見^견佛^불神^신變^변이요 六^육者^자는 能^능令^령

衆生으로 念所集業이요 七者는 能令衆生으로 定心
圓滿이요 八者는 能令衆生으로 入佛淸淨이요 九者는
能令衆生으로 發菩提心이요 十者는 能令衆生으로
圓滿佛智니라

 다섯은 중생으로 하여금 부처님의 신통 변화를 보게 함이요, 여섯은 중생으로 하여금 모은 업業을 생각하게 함이요, 일곱은 중생으로 하여금 선정의 마음을 원만케 함이요, 여덟은 중생으로 하여금 부처님의 청정한 데 들게 함이요, 아홉은 중생으로 하여금 보리심을 내게 함이요, 열은 중생으로 하여금 부처님의 지혜를 원만케 함이니라."

 보살이 바른 삼매에 머물면 열 가지의 청정하고 위덕 있는 몸을 얻고는 또 중생으로 하여금 열 가지의 원만함을 얻게 한다. 삼매는 이와 같이 스스로의 지혜를 드러낼 뿐만 아니라 중생들로 하여금 부처님을 보게 하고, 부처님을 깊이 믿게 하고, 법문을 듣게 하고, 부처님의 세계를 알게 하고, 부처님의 신통과 변화를 보게 하고, 모은 업을 생각하게 하고, 선정의 마음을 원만하게 하고, 부처님의 청정에 들게 하고, 보리심을 발하게 하고, 나아가서 부처님의 지혜를 원만하게 한다.

8) 중생들에게 열 가지 불사를 하게 하다

佛子야 菩薩摩訶薩이 令衆生으로 得十種圓滿已에 復爲衆生하야 作十種佛事하나니 何等이 爲十고 所謂以音聲으로 作佛事니 爲成熟衆生故며 以色形으로 作佛事니 爲調伏衆生故며

"불자여, 보살마하살이 중생들로 하여금 열 가지의 원만함을 얻게 하고는 다시 중생을 위하여 열 가지의

부처님 일을 하게 하느니라. 무엇이 열인가. 이른바 음성으로 부처님 일을 하나니 중생을 성숙시키려 함이요, 형상으로 부처님 일을 하나니 중생을 조복시키려 함이니라."

보살이 모든 세계의 부처님 장엄을 아는 큰 삼매에 머물고는 중생들로 하여금 열 가지 원만함을 얻게 하고, 다시 또 중생을 위하여 열 가지 부처님 일을 하게 함을 밝혔다.

흔히 불교에서 하는 일체 일을 부처님 일, 즉 불사佛事라 한다. 절을 세우는 건축 불사, 불상을 조성하는 불사, 사람들을 성숙하게 하는 수행 불사, 법회 불사, 교육 불사, 혹은 길을 닦는 불사 등 수천 수만 가지가 있다.

그러나 진정한 불사는 궁극적으로 사람들에게 존재의 실상을 깨닫게 하고, 그 깨달음을 보다 많은 사람들에게 회향하는 일이다. 그것을 목적으로 하는 가장 긴요한 불사로는 부처님이 그렇게 하셨듯이 설법으로 중생을 성숙하게 하는 것이 제일이다. 다음으로 거룩한 모습과 행동거지로 중생을 조복하는 일이 또한 훌륭한 불사다.

以憶念으로 作佛事니 爲淸淨衆生故며 以震動
世界로 作佛事니 爲令衆生으로 離惡趣故며 以方
便覺悟로 作佛事니 爲令衆生으로 不失念故며 以
夢中現相으로 作佛事니 爲令衆生으로 恒正念故며

"기억함으로 부처님 일을 하나니 중생을 청정케 함이요, 세계를 진동함으로 부처님 일을 하나니 중생으로 하여금 나쁜 길에서 떠나게 함이요, 방편으로 깨닫게 함으로 부처님 일을 하나니 중생으로 하여금 생각을 잃어버리지 않게 함이요, 꿈에 모습을 나타냄으로 부처님 일을 하나니 중생으로 하여금 항상 바르게 생각하게 하기 위함이니라."

부처님의 가르침을 많이 기억하는 것 또한 큰 불사다. 부처님의 가르침을 기억하지 못하고 어찌 진리의 가르침을 중생들에게 전파할 수 있겠는가. 그러므로 많이 기억하여 중생들에게 나누어 주어 그들을 청정하게 하는 것이 훌륭한 불사다.

 다음으로 뛰어난 보살행으로 온 세상에 감동을 주어 그들도 따라 하게 하는 것이 크나큰 불사다. 온갖 방편으로 중생들을 깨닫게 하는 것이 또한 훌륭한 불사다. 꿈속에서 성인의 모습을 나타내 보이는 것도 큰 불사다. 어리석은 중생들 중에는 꿈을 믿고 꿈을 따르는 이가 많기 때문이다.

以放大光明으로 作佛事니 爲普攝取諸衆生故며

以修菩薩行으로 作佛事니 爲令衆生으로 住勝願故며

以成正等覺으로 作佛事니 爲令衆生으로 知幻法故며

以轉妙法輪으로 作佛事니 爲衆說法에 不失時故며

 "큰 광명을 놓음으로 부처님 일을 하나니 여러 중생을 널리 거두어 주려 함이요, 보살의 행을 닦는 것으로 부처님 일을 하나니 중생으로 하여금 훌륭한 소원에 머물게 함이요, 바른 깨달음을 이룸으로 부처님 일을 하나니 중생들로 하여금 요술과 같은 법을 알게 함이요, 미묘한 법륜을 굴림으로 부처님 일을 하나니 대중에게 법을 말할 적에 시기를 놓치지 않게 함이니라."

큰 광명을 놓는 것도 사람들을 감동시키는 큰 불사다. 간혹 사찰에서 어떤 일을 할 때 때를 맞추어 오색 무지개가 뜨기만 하여도 많은 사람들이 감동하여 그 사실을 널리 퍼뜨린다. 하물며 큰 광명을 놓아 중생들을 놀라게 한다면 그것 또한 큰 불사이리라.

또 보살행을 닦음으로써 불사를 짓는다. 실로 보살행이야말로 진정한 불사다. 일체 불법이 궁극에는 보살행을 하자고 하는 가르침이다. 중생들은 보살행 하는 것을 보고 스스로 보살행 하려는 수승한 서원을 세우게 된다. 그러므로 어떤 이가 보살행 하는 것을 알게 되면 다른 사람들도 감동하여 따라 하도록 그 사실을 널리 알려야 한다. 그 또한 불사이기 때문이다.

또 부처님이 정각을 이루었다는 사실이나 또는 정각을 이룬 어떤 선지식이 있으면 그 사실을 소상하게 전파하여야 한다. 정각을 널리 알리는 일보다 더 훌륭한 불사는 없기 때문이다.

또한 미묘한 법륜을 굴리는 일이야말로 부처님이 평생을 통해서 행하셨던 불사다. 그와 같이 부처님이 설하신 법문을 깊이 공부하여 모든 것을 다 바쳐서 부처님의 미묘한 법륜을 굴리도록 해야 한다. 모든 불자는 진정으로 불사를 행해야 하는데 그 진정한 불사는 부처님의 미묘한 법륜을 널리 굴리는 일이다.

以現住壽命으로 作佛事니 爲調伏一切衆生故며 以示般涅槃으로 作佛事니 知諸衆生의 起疲厭故니라 佛子야 是爲菩薩摩訶薩의 第七了知一切

세계불장엄대삼매선교지
世界佛莊嚴大三昧善巧智이니라

 "지금 오래 삶으로써 부처님 일을 하나니 일체 중생을 조복시키려 함이요, 열반에 듦을 보이는 것으로 부처님 일을 하나니 중생들이 고달파하고 싫어함을 아는 연고이니라. 불자여, 이것이 보살마하살의 제7 모든 세계의 부처님 장엄을 아는 큰 삼매의 교묘한 지혜이니라."

 또 오래 사는 것도 큰 불사다. 부처님의 바른 법을 깊이 공부하고, 건강하게 오래 살면서 그 배우고 깨달은 법을 널리 전파하여 무수한 사람들로 하여금 세상을 위하여 보살행을 실천하도록 가르쳐서 온 세상의 밝은 등불이 되게 한다면 그보다 훌륭한 불사는 없기 때문이다.

 끝으로 부처님이나 성인이나 훌륭한 선지식이 열반에 드는 것을 보이는 것도 또한 많은 사람들을 경각시키는 훌륭한 불사다. 성인이나 뛰어난 선지식이 열반에 드는 것을 통하여 사람들이 깨닫는 점이 많기 때문이다. 이것이 보살마하살의 일곱 번째 모든 세계의 부처님 장엄을 아는 큰 삼매의 교묘한 지혜이다.

이것으로 화엄경 강설 제41권을 설하여 마쳤다.

십정품 2 끝

〈제41권 끝〉

華嚴經 構成表

分次	周次			內容	品數	會次
舉果勸樂生信分 (信)	所信因果周			如來依正	世主妙嚴品 第一 如來現相品 第二 普賢三昧品 第三 世界成就品 第四 華藏世界品 第五 毘盧遮那品 第六	初會
修因契果生解分 (解)	差別因果周	差別因		十信	如來名號品 第七 四聖諦品 第八 光明覺品 第九 菩薩問明品 第十 淨行品 第十一 賢首品 第十二	二會
				十住	昇須彌山頂品 第十三 須彌頂上偈讚品 第十四 十住品 第十五 梵行品 第十六 初發心功德品 第十七 明法品 第十八	三會
				十行	昇夜摩天宮品 第十九 夜摩天宮偈讚品 第二十 十行品 第二十一 十無盡藏品 第二十二	四會
				十迴向	昇兜率天宮品 第二十三 兜率宮中偈讚品 第二十四 十迴向品 第二十五	五會
				十地	十地品 第二十六	六會
				等覺	十定品 第二十七 十通品 第二十八 十忍品 第二十九 阿僧祇品 第三十 如來壽量品 第三十一 菩薩住處品 第三十二	七會
		差別果		妙覺	佛不思議法品 第三十三 如來十身相海品 第三十四 如來隨好光明功德品 第三十五	
	平等因果周	平等因			普賢行品 第三十六	
		平等果			如來出現品 第三十七	
託法進修成行分 (行)	成行因果周			二千行門	離世間品 第三十八	八會
依人證入成德分 (證)	證入因果周			證果法門	入法界品 第三十九	九會

(資料:文殊經典研究會)

會場	放光別	會主	入定別	說法別舉
菩提場	遮那放齒光眉間光	普賢菩薩為會主	入毘盧藏身三昧	如來依正法
普光明殿	世尊放兩足輪光	文殊菩薩為會主	此會不入定，信未入位故	十信法
忉利天宮	世尊放兩足指光	法慧菩薩為會主	入無量方便三昧	十住法門
夜摩天宮	如來放兩足趺光	功德林菩薩為會主	入菩薩善思惟三昧	十行法門
兜率天宮	如來放兩膝輪光	金剛幢菩薩為會主	入菩薩智光三昧	十迴向法門
他化天宮	如來放眉間毫相光	金剛藏菩薩為會主	入菩薩大智慧光明三昧	十地法門
再會普光明殿	如來放眉間口光	如來為會主	入剎那際三昧	等妙覺法門
三會普光明殿	此會佛不放光，表行依解法依解光故	普賢菩薩為會主	入佛華莊嚴三昧	二千行門
祇陀園林	放眉間白毫光	如來善友為會主	入獅子頻申三昧	果法門

如天 無比

1943년 영덕에서 출생하였다. 1958년 출가하여 덕흥사, 불국사, 범어사를 거쳐 1964년 해인사 강원을 졸업하고 동국역경연수원에서 수학하였다. 10여 년 선원생활을 하고 1976년 탄허 스님에게 화엄경을 수학하고 전법, 이후 통도사 강주, 범어사 강주, 은해사 승가대학원장, 대한불교조계종 교육원장, 동국역경원장, 동화사 한문불전승가대학 원장 등을 역임하였다.

2018년 5월에는 수행력과 지도력을 갖춘 승랍 40년 이상 되는 스님에게 품서되는 대종사 법계를 받았다. 현재 부산 문수선원 문수경전연구회에서 150여 명의 스님과 300여 명의 재가 신도들에게 화엄경을 강의하고 있다. 또한 다음 카페 '염화실(http://cafe.daum.net/yumhwasil)'을 통해 '모든 사람을 부처님으로 받들어 섬김으로써 이 땅에 평화와 행복을 가져오게 한다.'는 인불사상人佛思想을 펼치고 있다.

저서로 『대방광불화엄경 강설』(전 81권), 『무비 스님의 유마경 강설』(전 3권), 『대방광불화엄경 실마리』, 『무비 스님의 왕복서 강설』, 『무비 스님이 풀어 쓴 김시습의 법성게 선해』, 『법화경 법문』, 『신금강경 강의』, 『직지 강설』(전 2권), 『법화경 강의』(전 2권), 『신심명 강의』, 『임제록 강설』, 『대승찬 강설』, 『당신은 부처님』, 『사람이 부처님이다』, 『이것이 간화선이다』, 『무비 스님과 함께하는 불교공부』, 『무비 스님의 증도가 강의』, 『일곱 번의 작별인사』, 무비 스님이 가려 뽑은 명구 100선 시리즈(전 4권) 등이 있고 편찬하고 번역한 책으로 『화엄경(한글)』(전 10권), 『화엄경(한문)』(전 4권), 『금강경 오가해』 등이 있다. 또한 사경집으로 『대방광불화엄경 사경』(전 81권), 『금강반야바라밀경 사경』, 『반야바라밀다심경 사경』, 『보현행원품 사경』, 『관세음보살보문품 사경』, 『천수경 사경』, 『묘법연화경 사경』(전 7권), 『법화경약찬게 사경』, 『지장경 사경』 등 무비 스님의 사경 시리즈가 있다.

대방광불화엄경 강설 제41권

| 초판 1쇄 발행_ 2016년 6월 5일
| 초판 3쇄 발행_ 2022년 7월 13일

| 지은이_ 여천 무비(如天 無比)
| 펴낸이_ 오세룡
| 편집_ 박성화 손미숙 전태영 유지민
| 기획_ 최은영 곽은영 김희재 진달래
| 디자인_ 고혜정 김효선 박소영
| 홍보 마케팅_ 이주하
| 펴낸곳_ 담앤북스
　　　서울특별시 종로구 새문안로3길 23 경희궁의 아침 4단지 805호
　　　대표전화 02)765-1251 전송 02)764-1251 전자우편 damnbooks@hanmail.net
　　　출판등록 제300-2011-115호
| ISBN 979-11-87362-03-6 04220

정가 14,000원

ⓒ 무비스님 2016